¡vaya! nuevo

Michael Buckby
Michael Calvert

Nelson

Thomas Nelson and Sons Ltd
Nelson House   Mayfield Road
Walton-on-Thames   Surrey
KT12 5PL   UK

© Michael Buckby, Michael Calvert 1994

I(T)P Thomas Nelson is an International
       Thomson Publishing Company

I(T)P is used under licence

First published by Thomas Nelson & Sons Ltd 1994

ISBN 0-17-439809-3
NPN 9 8 7 6 5

Printed in China

Acknowledgements

La Oficina de Turismo de Santander

María Ascención Martínez Partyka
María Jesús Rodero Cortina
Ana Isabel García Espina

El instituto David Vasquéz,
Pola de Laviana

Students of la Universidad de Oviedo

PHOTOGRAPHS
AGE Fotostock
Britstock
J. Allan Cash
David Simson
Jon Mather

ILLUSTRATIONS
Clinton Banbury
Paul Bowman
Martin Cater
Lynne Hitchin
Gillian Hodgson
Tim Kahane
Tim Oliver

¡vaya!
nuevo

UNIDAD   **página**

2

Introducción

¡Bienvenidos a Cantabria!

Hola, buenos días. ¡Bienvenidos a Cantabria! La oficina de turismo de Santander ha preparado alguna publicidad sobre la provincia con la ayuda de cuatro jóvenes: Miguel, Mariluz, Paco y Luisa. Escucha bien.

Miguel
(15 años) Santillana

Mariluz
(16 años) Reinosa

Paco
(13 años) Laredo

Luisa
(14 años) Santander

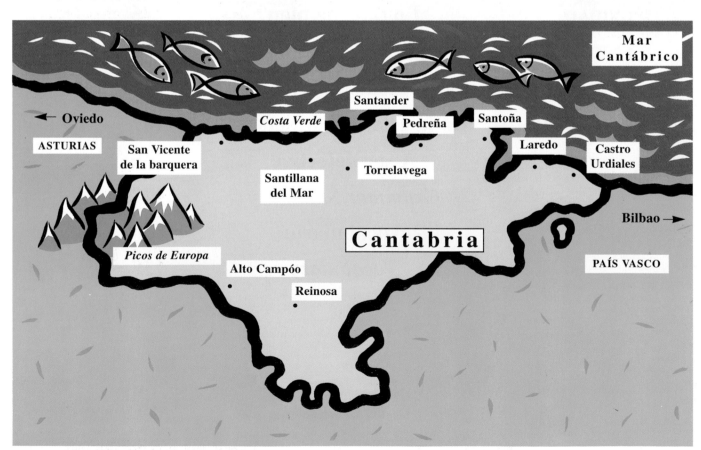

Mar Cantábrico

← Oviedo

ASTURIAS

San Vicente de la barquera

Costa Verde

Santander

Pedreña

Santoña

Laredo

Castro Urdiales

Santillana del Mar

Torrelavega

Bilbao →

Picos de Europa

Cantabria

PAÍS VASCO

Alto Campóo

Reinosa

– *Miguel, ¿dónde está Cantabria?*
– Mira el mapa. Cantabria está en el norte de España entre Asturias y el País Vasco. Mira Asturias al oeste y el País Vasco al este. ¿Ves? Bien. Al norte hay el Cantábrico y al sur las montañas. Las montañas se llaman los Picos de Europa. Mira las fotos.

Aquí tienes una foto de los Picos de Europa. ¡Tienen más de 3.000 metros de altura!

Aquí tienes la costa. Hay más de setenta playas en Cantabria. Sí, más de setenta.

– *Mariluz, ¿qué hay en Cantabria?*
– Hay muchas cosas. Hay cines, teatros, conciertos, festivales, corridas, un casino ...
– Gracias, Mariluz.

5

Paseo por el PALACIO de la MAGDALENA

En el Tren Turístico "MAGDALENO"

En invierno cerrado en metacrilato.
En verano totalmente abierto.

43 FESTIVAL INTERNACIONAL
SANTANDER
1 - 28 AGOSTO 1994
MIEMBRO DE LA ASOCIACION EUROPEA DE FESTIVALES

Liga Nacional de Fútbol Profesional
1993 / 1994
REAL RACING CLUB S.A.D.
CAMPOS DE SPORT DE EL SARDINERO
R. RACING CLUB-VALENCIA C.F.
JORNADA: 3   FECHA: 19/ 9/1993
ZONA: PREFERENCIA ESTE
PUERTAS 3
NTO: 0141
1900

RACING
CAMPEONATO DE LIGA PRIMERA DIVISION – TEMPORADA 93/94
EJEMPLAR GRATUITO
19 de Septiembre de 1993   Racing-Valencia   N.º 41

CAJA CANTABRIA
PATROCINADOR DEL REAL RACING CLUB

– Y Paco, ¿Hay mucho deporte?

– Sí, mujer. Hay deportes de todo tipo. En la costa hay windsurfing y vela y en las montañas hay alpinismo, caza, pesca y esquí. También hay golf, tenis ... A mí me gustan el esquí y la vela.

6

– Y la comida. Luisa, ¿cómo es la comida?

 – Se come mucho pescado en Cantabria.
Hay sardina y salmón.
A mí me gustan los calamares.

Calamares

Salmón

Sardina

OSO POLAR
Thalarctos Maritimus

Mamífero carnívoro de gran tamaño, con pelaje blanco o blanco amarillento. En estado adulto, sobre los 4 años alcanza de 2 a 2,5 mts. de longitud cabeza-tronco y de 400 a 800 kgs. de peso, siendo siempre las hembras de menor tamaño. Muy agresivos y peligrosos en cautividad.

Alimentación en libertad: focas, peces, algas.

Alimentación en zoos: verdura, fruta, pan, came y pescado.

Gestación: de 8 a 9 meses; 1 ó 2 crías por camada (cada 2 ó 3 años).

Distribución geográfica: viven en una amplia zona, alrededor de las regiones polares árticas.

– Miguel, ¿qué hay para los jóvenes?

– Bueno para los jóvenes hay discotecas, clubs juveniles, parques, el zoo, piscinas ... Hay un zoo en Santander cerca del mar.

– *Mariluz, ¿hay mucha historia?*
– Sí, claro. Hay iglesias, castillos, monumentos y arte prehistórico. Aquí se ven las pinturas en las cuevas de Altamira. Datan de más de 15.000 años.
– *Y, ¿para visitar la costa?*
– Bueno, hay el tren, hay autocares, y, claro, el coche si prefieres.

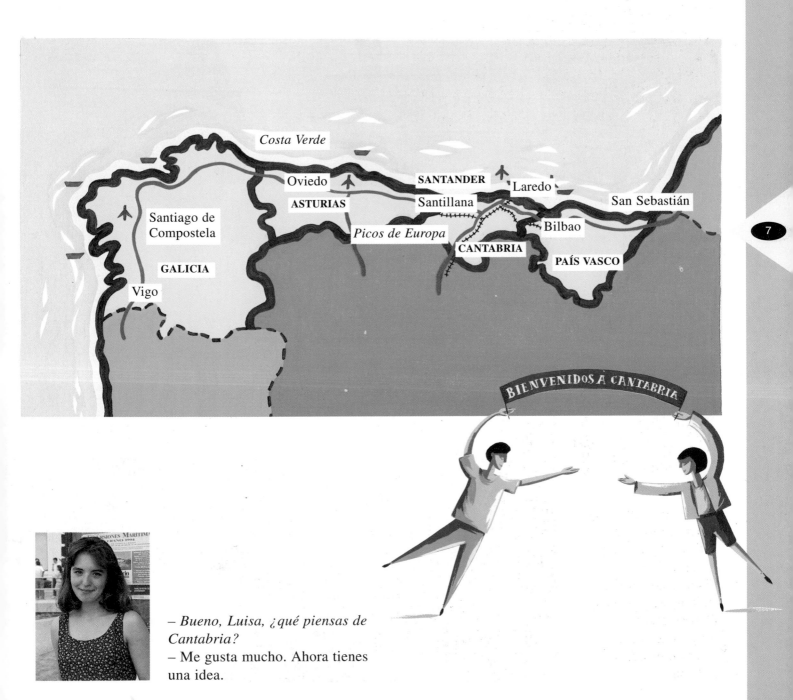

Costa Verde

Oviedo

SANTANDER

Laredo

ASTURIAS

Santillana

San Sebastián

Santiago de Compostela

Picos de Europa

Bilbao

GALICIA

CANTABRIA

PAÍS VASCO

Vigo

BIENVENIDOS A CANTABRIA

– *Bueno, Luisa, ¿qué piensas de Cantabria?*
– Me gusta mucho. Ahora tienes una idea.

7

En esta unidad vas a aprender a:

- describir tu pueblo y decir dónde está

- entender descripciones de otros pueblos

- dar tu opinión y comparar pueblos

Vivo en Newcastle. Está en el norte de Inglaterra. Es una ciudad bastante grande.

Málaga está en el sur, en la costa. Es turístico.

Me gusta Madrid. Es más interesante que Málaga.

¿Dónde está?

Mira el mapa y escucha. ¿Qué dicen las personas A, B, C, D y E?

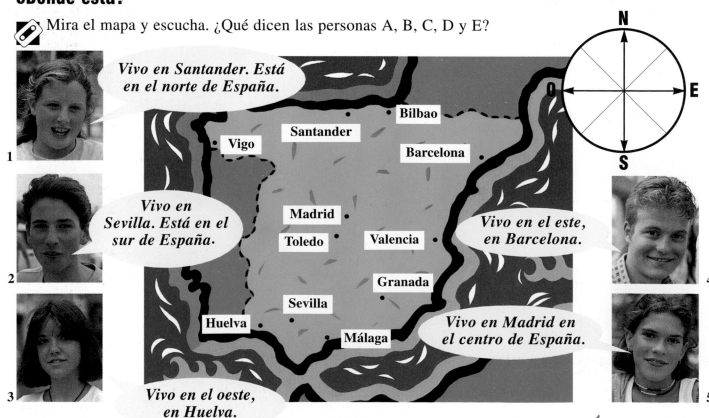

Vivo en Santander. Está en el norte de España.

Vivo en Sevilla. Está en el sur de España.

Vivo en el este, en Barcelona.

Vivo en Madrid en el centro de España.

Vivo en el oeste, en Huelva.

N
O — E
S

Bilbao
Santander
Vigo
Barcelona
Madrid
Toledo   Valencia
Granada
Sevilla
Huelva
Málaga

1
2
3
4
5

Una poesía: norte sur

 Lee y escucha la poesía.

Bilbao está en el norte
Sevilla en el sur
Barcelona en el este
Y Vigo en el norte.
¿Y Toledo en el norte?
¿Y Madrid en el sur?
No, Toledo está en el centro
Y Madrid también.

Mira el mapa en la página ocho y escribe una poesía.

¿Verdad o mentira?

¿Qué tal es tu geografía?
Mira el mapa de España en la página ocho un minuto. Cierra el libro y contesta las preguntas.

Ejemplo:

Málaga está en el norte = mentira

1 Valencia está en el norte.
2 Barcelona está en el este.
3 Huelva está en el oeste.
4 Vigo está en el sur.
5 Toledo está en el centro.

Unos futbolistas españoles hablan

 Estás en un hotel en Santander. Unos futbolistas famosos llegan al hotel. Escucha las entrevistas de Radio Santander. Quieres saber de dónde son. Mira el mapa en la página ocho y apunta la ciudad de cada uno.

Ejemplo:

1 = Barcelona.

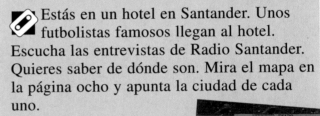

¿Dónde vives tú?

 Túrnate con tu pareja para hacer estos diálogos.

Ejemplo:

Hola, buenos días.

Hola.

¿Dónde vives?

Vivo en Barcelona.

¿En Barcelona?

Sí, en el este de España.

Persona A	1 Málaga	2 Bilbao	3 Valencia
Persona B	1 Santander	2 Sevilla	3 Madrid

Ahora te toca a ti. Túrnate con tu pareja para decir dónde vives.

Ejemplo:

Hola, buenos días.

Hola.

¿Dónde vives?

Vivo en Southampton.

¿En Southampton?

Sí, está en el sur de Inglaterra.

Te presento Santander

Luisa envía un plano de Santander y un casete a su corresponsal.
Escucha el casete y mira el plano.

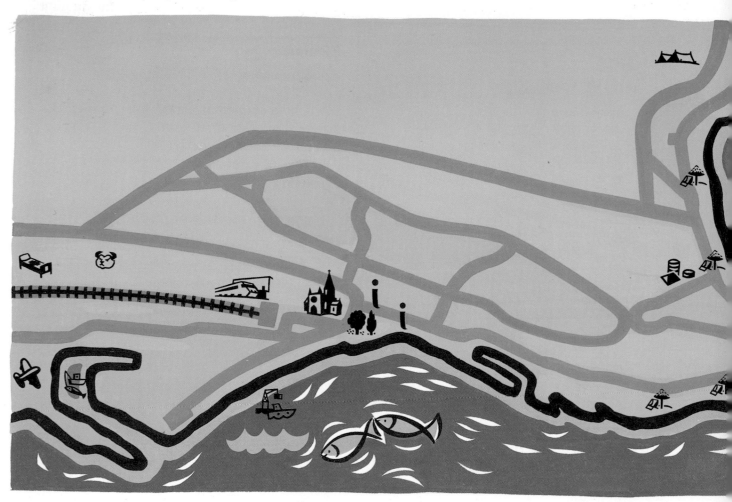

Leyenda

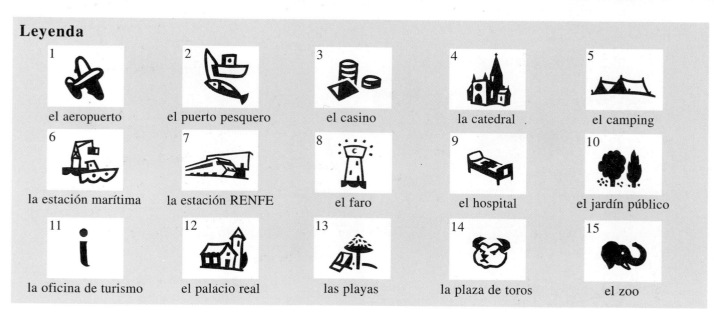

1 el aeropuerto	2 el puerto pesquero	3 el casino	4 la catedral	5 el camping
6 la estación marítima	7 la estación RENFE	8 el faro	9 el hospital	10 el jardín público
11 la oficina de turismo	12 el palacio real	13 las playas	14 la plaza de toros	15 el zoo

Una carta de Luisa

Vas a España con tus padres.
Lee la carta de Luisa. Escribe
una lista de atracciones para
tus padres.

Rte Luisa Serrano c/Antonio López 6, 4°, 3ª
39009 Santander

Santander, 8 de octubre

¡Hola!

Me llamo Luisa Serrano. Vivo aquí con mis
padres, mi hermano y mi hermana. Vivimos
cerca de la bahía en la calle Antonio López.
Me gusta mucho Santander. Es muy bonito
y muy popular con los turistas. Llegan en el
ferry desde Plymouth o en avión. El aeropuerto
está cerca. Hay muchos hoteles y dos campings
cerca de la playa. Los restaurantes son muy
buenos. Hay también cines, teatros, conciertos y
un casino.
¿Te gusta el deporte? A mí, sí. Aquí hay golf,
el esquí, el alpinismo y deportes náuticos
como el windsurfing. Hay un polideportivo
cerca de mi casa. Está muy bien. Y si te gusta
la historia hay pueblos antiguos, con castillos
e iglesias y las cuevas de Altamira, claro.
nada más por hoy,

un abrazo

Luisa

¿Qué hay en tu pueblo?

Haz una lista de lo que hay en tu pueblo
o ciudad. Luego escribe otra lista de lo que
te gustaría.

Ejemplo:

Newtown	
lo que hay	lo que me gustaría
un hotel	un zoo
una piscina	un parque
una cafetería	una discoteca
una iglesia	un estadio
un polideportivo	un cine

Compara tus listas con tu pareja. Preparad una
lista completa de las cosas que hay y otra lista
de lo que os gustaría.

¿Adónde quieres ir?

Hablas con un amigo
español. Mira la
información en la hoja 12.
¿Adónde vais a ir?
Trabaja con tu pareja.

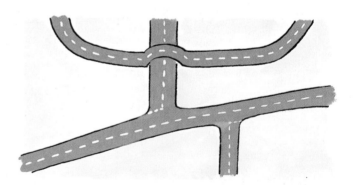

Ejemplo:

¿Qué pueblo
prefieres?

Yo prefiero
Santillana.

¿Por qué?

Porque hay un zoo y
unas cuevas. ¿Y tú?

Prefiero
Laredo.   ¿Por qué?

Hay una playa,
bares y discotecas.

Un pueblo ideal

En una revista hay una competición. Diseña tu pueblo ideal con atracciones y tu casa.

También para la competición escribe una
descripción de 25-50 palabras de tu
pueblo ideal. Di porqué te gusta.

Si no sabes
una palabra,
busca en el
diccionario.

Ejemplo:

En mi pueblo ideal hay una
discoteca y un restaurante
McDonald's cerca de mi casa.
También hay una piscina, un
polideportivo, un cine y un
parque. Me gusta porque
es grande y bonito.

Lo bueno y lo malo

Los jóvenes hablan de sus pueblos.

Lo malo de Bilbao es que es muy industrial, muy feo y muy ruidoso.

Lo bueno de Santillana es que es muy antiguo.

Lo bueno para mí es que Santander es bonito.

Lo malo de Laredo es el ruido.

Lo bueno de Santoña es que es bastante tranquilo y no es muy turístico.

Palabras útiles	
tranquilo	quiet
bonito	nice, pretty
antiguo	old
feo	ugly
aburrido	boring
ruidoso	noisy
el ruido	noise

Haz una lista de lo bueno y lo malo de tu región.

			el tráfico el ruido	
Lo bueno	es		industrial	interesante
			bonito	tranquilo
Lo malo		que es	feo	ruidoso
			aburrido	antiguo
			turístico	moderno

13

¿Dicen la verdad?

Unos turistas españoles hablan de tu ciudad. Escucha el casete. ¿Es verdad o mentira lo que dicen?

Ejemplo:

Sí, me gusta el pueblo. Me parece interesante y no hay mucho tráfico. Creo que hay una piscina aquí y mucho para los jóvenes.

Bueno, ¿te gusta el pueblo?

Publicidad

Prepara información para un colegio español sobre tu pueblo o tu ciudad.

Ejemplo:

Lo bueno es que es muy interesante. Hay museos, cines ...

o

Diseña un poster de tu pueblo.

Ejemplos:

Una carta de Santillana

Miguel Puente, de Santillana, escribe a Paul Andrews, su nuevo corresponsal. Le envía una carta y un folleto sobre el pueblo. Paul quiere visitar Cantabria y le interesa muchísimo saber cómo es el pueblo de su corresponsal. Quiere saber:
• dónde está
• cómo es
• qué hay de interés turístico
• qué hay de interés para Paul
  y los jóvenes.

Mira primero la información turística y trata de encontrar respuestas a las preguntas de Paul.

SANTILLANA
15.000 AÑOS DE HISTORIA

A siete kilómetros de Torrelavega y a 30 kilómetros de Santander está Santillana, un pueblo medieval que vive de la agricultura y del turismo.

Tiene casas muy antiguas de los nobles y, lo más importante, la colegiata del siglo XII. Las dos calles principales conducen a dos plazas típicas.

A dos kilómetros de Santillana se encuentra uno de los más importantes monumentos mundiales de arte prehistórico. Hace quince mil años

Lee la carta de Miguel. ¿Hay una diferencia
entre la información turística y la información
de Miguel?

Rte. Sr. Miguel Puente,
Calle Canton 74,
Santillana, Cantabria.

Santillana, 10 de setiembre

¡Hola Paul!
Yo soy tu nuevo corresponsal, Miguel Puente.
Tengo quince años y vivo en Santillana. Es
un pueblo pequeño cerca de Torrelavega y con
Santander más lejos a unos 30 kilómetros.
Es mucho más pequeño que Santander, claro.
Sólo tiene unos 5.000 habitantes.
Es un pueblo muy antiguo con una colegiata
(tipo de iglesia) y casas antiguas. No sé
nada de la historia ni de la cultura, pero
vienen los turistas de todo el mundo a ver la
colegiata.
¿Qué más hay? Pues, unas tiendas de
recuerdos, bares, y un museo. Es difícil para
los jóvenes - lo malo es que no hay nada
para nosotros. Los mayores tienen coche y
van a otros pueblos pero es más difícil para
los jóvenes porque no hay muchos autobuses.
¿Qué hay en tu pueblo? ¿Hay mucho para
los jóvenes?

Cerca de Santillana están las cuevas
famosas de Altamira. No sé cómo son
pero se dice que las pinturas son muy
interesantes.
No te preocupes, Paul. Ya sé que Santander
es más animada, más grande que Santillana
y, para los jóvenes, más interesante, pero
si vienes aquí podemos ir muchas veces a
Santander con mis padres que trabajan allí.
En tu carta dime cómo se compara tu
pueblo con el mío. Es más grande que
Santillana, ¿verdad? Dime cómo es.
Un abrazo muy fuerte de tu amigo.

Miguel

P.D. He encontrado un folleto sobre
Santillana. Te lo envío para darte una
mejor idea.

Escribe una respuesta a la carta de Miguel
describiendo tu pueblo.

Sancho y Panza

Lee y escucha.

Encuesta

Aquí están los resultados de una encuesta en un periódico. Mira la opinión de los lectores.

Ejemplo:

Santander (7) es más interesante que Santoña (3). Laredo (1) es menos tranquilo que Santillana (4).

Pueblo	turístico	bonito	tranquilo	interesante	industrial
Santander	6	5	2	7	5
Santoña	5	4	5	3	4
Laredo	7	3	1	2	2
Castro Urdiales	3	2	6	5	6
Santillana	4	6	4	6	1
San Vicente	2	7	7	4	3
Torrelavega	1	1	3	1	7

Visitas la región con tu corresponsal. Tienes una copia de la encuesta y quieres decidir adónde ir.

Tu pareja te habla sobre dos de los pueblos. Si, por ejemplo, comparas Santander y Santillana, tú puedes decir:

Santander es más turístico que Santillana.

Sí, y Santillana es más bonito.

Lee este diálogo entre dos españoles, Ana y Miguel, que hablan de dos pueblos: San Vicente y Santoña.

Luego de los siete pueblos escoge dos y haz un diálogo similar para decidir adónde ir.

Ana: ¿Cuál prefieres?
Miguel: Prefiero San Vicente. Es más bonito que Santoña.
Ana: Es menos turístico también.
Miguel: Sí, y más tranquilo.
Ana: Vamos a San Vicente, entonces.

Ahora imagina que estás en tu país con un amigo español. Haz una comparación de dos pueblos para decidir adónde ir.

El juego de las diferencias

Mira los dos dibujos. ¿Qué diferencia hay entre Pueblo Antiguo y Pueblo Nuevo?
Escribe cinco diferencias con *más* y cinco con *menos*.

Ejemplos:

Pueblo Nuevo es más ruidoso que Pueblo Antiguo. Pueblo Antiguo es menos industrial que Pueblo Nuevo.

 Escucha a dos españoles que juegan. ¿Hacen errores?

Pueblo Antiguo

Pueblo Nuevo

Ahora sé ···

describir mi pueblo y decir dónde está •

Mi pueblo está en el norte/sur/este/oeste/centro.
Es industrial/bonito/feo/interesante
histórico/turístico/moderno/antiguo/ruidoso.

My town is in the north/south/east/west/centre.
It is industrial/pretty/ugly/interesting/
historic/'touristy'/modern/old/noisy.

entender descripciones de otros pueblos •

Madrid está en el centro.
Vivo en Santoña que está en la costa.
Santander es una ciudad bastante grande.
Hay un aeropuerto, un casino y un zoo.
Es muy antiguo.
Hay diez mil habitantes.

Madrid is in the centre.
I live in Santoña which is on the coast.
Santander is quite a large city.
There is an airport, a casino and a zoo.
It is very old.
There are ten thousand inhabitants.

dar mi opinión y comparar pueblos •

Lo bueno es el polideportivo.
Lo malo es que es ruidoso.
Lo bueno es que es tranquilo.
Lo malo es el tráfico.
Santander es más grande que Laredo.
Santoña es menos turístico que Santillana.
¿Cuál prefieres?
Prefiero España.
¿Por qué te gusta el pueblo?
Me gusta porque es muy bonito.

The good thing is the sports centre.
The bad thing is that it is noisy.
The good thing is that it is quiet.
The bad thing is the traffic.
Santander is bigger than Laredo.
Santoña is less 'touristy' than Santillana.
Which do you prefer?
I prefer Spain.
Why do you like the town?
I like it because it is very pretty.

17

UNIDAD **2** *En casa*

En esta unidad vas a aprender a describir:

- dónde vives
- cómo está tu casa

> *En el salón hay una televisión, un vídeo y un estéreo.*

- qué hay en tu casa

> *Vivo en un piso en el centro.*

> *Es grande y tiene jardín.*

¿Piso o casa?

Estos jóvenes españoles hablan de su casa o piso.
Mira las fotos y escucha lo que dicen. ¿Qué dicen?

> *Vivo aquí en un piso. Vivo en el segundo piso. Está en el centro. El piso es muy grande.*

> *Vivo en una casa. Es una casa bastante grande. Donde vivo es muy tranquilo.*

Se buscan corresponsales

Un profesor español ha enviado unas fotos y una cinta de sus alumnos que buscan corresponsales. Quieres saber si les gusta la casa o el piso donde viven.

¿Con quién te gustaría pasar las vacaciones?

Pilar

César

Juana

Rafa

El diccionario en dibujos

En el diccionario hay un dibujo
de una casa. ¿Entiendes las
palabras? Si no entiendes,
pregunta al profesor o a la
profesora:

*No entiendo. ¿Qué
significa ...?*

el dormitorio

el cuarto de baño

el aseo

el jardín

la cocina

la terraza

el salón

el garaje

el comedor

el ascensor

Una carta de tu corresponsal

Luisa escribe una carta a su corresponsal
Joanne y envía un plano. Mira la carta y el
plano y contesta las preguntas de los padres
de Joanne.

- ¿Es grande el piso?
- ¿Dónde juega?
- ¿Tiene animales en
  casa?
- ¿Hay garaje?
- ¿En qué piso vive?

Leyenda

1. Cocina.
2. Baño.
3. Aseo.
4. Nuestro dormitorio.
5. El dormitorio de
   mis padres.
6. El dormitorio de
   mi hermano.
7. Terraza.
8. Salón-comedor.
9. Ascensor.
10. Calle.

Santander, 7 de noviembre

Querida Joanne:

Gracias por tu carta. Yo vivo en un piso en el
centro de Santander. Es bastante grande con
tres dormitorios. Nuestros padres tienen el
dormitorio grande, mi hermano Pepe tiene otro,
y mi hermana Ana y yo tenemos un dormitorio
bastante grande.

Nuestro piso está en el cuarto piso. Hay un
ascensor, claro, y unas escaleras. No tenemos
jardín pero hay un parque cerca y hay una
terraza donde ponemos unas plantas y el canario.
Hay siete habitaciones en total: cocina, salón-
comedor, tres dormitorios, un cuarto de baño y
aseo. No hay garaje.

Tú vives en una casa, ¿verdad? Dime cómo es tu
casa y si te gusta.

Bueno, nada más por ahora.
Tu buena amiga,

Luisa

Anuncios

 Estás en casa de una familia española. Quieren comprar un piso. Lee los anuncios. ¿Cuáles son posibles? Escucha la conversación entre el padre y la madre. ¿Cuál prefieren? ¿Estás de acuerdo?

GENERAL DÁVILA
¡Nuevo! 3h dobles, gran salón, comedor, trza magnífica, baño completo, portero electrónico. 18.000.000 T 393 21 73

SARDINERO
¡Piso nuevo! 1h doble, cocina completa, cuarto piso, tranquilo y bien decorado. 10.000.000 T 426 34 38

CUATRO CAMINOS
¡Magnífico piso! 1h amplia, mucho sol, mejor que nuevo, baño aseo, terraza. 11.000.000 T 193 47 18

VALDECILLA
¡Especial! chalet, 2h dobles, salón-comedor, jardín y garaje. 20.000.000 T 426 83 24

SARDINERO
¡Estupendo! 3h dobles, 2b, buena vista, portero electrónico, décimo piso. 19.000.000 T 321 17 92

ALTA MIRANDA
¡Véalo! Atico 220m², terraza preciosa, 3 baños completos, cocina completa, 5 hab, perfectas, vista magnífica al puerto deportivo con tres piscinas, 3 pistas de tenis, jardines. 45.000.000 T 323 16 91

ALTA MIRANDA
¡Precioso! 4h dobles, 2b, trza, mucha luz y bien conservado. 24.000.000 T 426 31 30

A LÓPEZ
¡Perfecto! amplio salón, comedor, 4h, parking incluído, muy bonito. 22.000.000 T 391 27 93

Trabalenguas

 Practica este trabalenguas:

Susana y Sara se sientan en su sofá a las siete como siempre.
Supongo que sus sillas son menos suaves y más duras.
¿Qué significan su y sus si Susana y Sara se sientan en su sofá y no en sus sillas?

Sancho y Panza

Lee y escucha.

Juego de memoria

¿Cómo es su casa o su piso?
Mira el plano de Miguel (1) con tu pareja.
Lee la descripción. Cierra el libro y túrnate con
tu pareja para describir su piso. Recibes un
punto por cada detalle correcto. Túrnate con tu
pareja. Haz lo mismo con la casa de la familia
de Ana (2).

En su casa hay cinco dormitorios,
un salón, un comedor, una cocina y
un cuarto de baño.

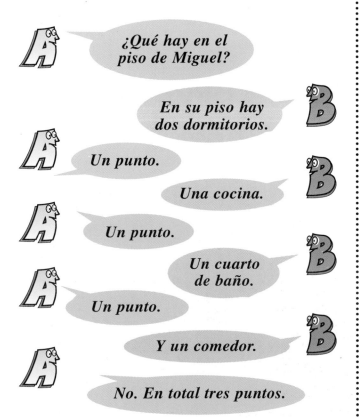

1

En su piso hay dos dormitorios, un salón-
comedor, una cocina, un cuarto de baño,
aseo y una terraza.

2

Ahora mira el plano del piso de Enrique (3) y
de la casa de Paula y Juan (4). Escribe una
descripción de cada uno antes de jugar.

A ¿Qué hay en el piso de Miguel?

B En su piso hay dos dormitorios.

A Un punto.

B Una cocina.

A Un punto.

B Un cuarto de baño.

A Un punto.

B Y un comedor.

A No. En total tres puntos.

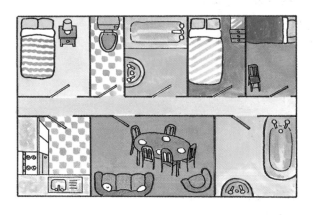

3

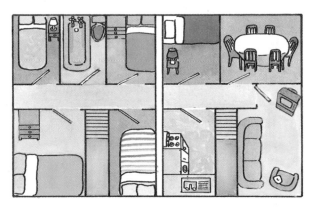

4

Escucha a dos españoles que juegan.
¿Hacen errores? ¿Cuántos puntos tienen?
Finalmente, ¿cómo es tu piso o tu casa?

Mi casa

Unos españoles te hablan de sus casas. Quieres saber cuál es la casa o piso más grande. Escucha la cinta y apunta los detalles. ¿Cuál prefieres? ¿Por qué?

Palabras útiles

arriba

abajo

Ejemplos:
El dormitorio está arriba.
La cocina está abajo.

¿Qué significan estas palabras?

Si el artista es bueno no necesitas una traducción. ¿Qué significan estas palabras?
Si no entiendes, busca en el diccionario o pregunta a tu profesor(a).

Ejemplo:

¿Qué significa silla en inglés?

Si no te gustan los dibujos, ¿puedes hacer otros?

1

2

3

4

5

6

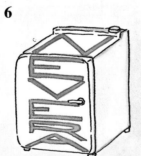

Palabras fáciles

Hay palabras que entiendes perfectamente como *radio* y *vídeo*.
Aquí tienes otras:

el sofá
la televisión
la lámpara
el estéreo

¿Hay otras palabras que necesitas para describir tu casa? Bueno, busca en el diccionario y apúntalas.

7
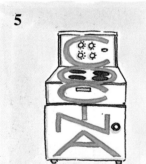

8
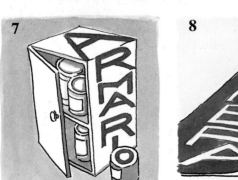

En casa de tu corresponsal

 Vas a casa de tu corresponsal. Miras las habitaciones. ¿Cuáles son? Escucha a tu corresponsal a ver.

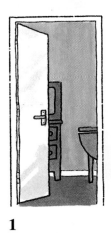

1

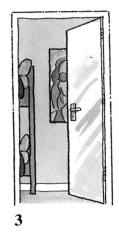

2

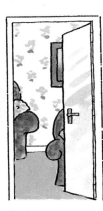

3

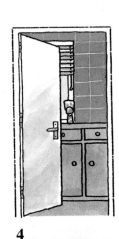

4

5

Se alquilan pisos

 Alquilas un piso con un amigo español. Quieres saber si todo está bien en el piso. Trabaja con tu pareja. Tú lees la lista en español y tu amigo español (tu pareja) mira el piso en la página 24. Toma nota de las diferencias.

Ejemplo:

> *En la cocina hay una cocina eléctrica, una lavadora, una nevera y una radio.*
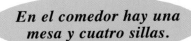

> *Sí.*

> *En el comedor hay una mesa y cuatro sillas.*
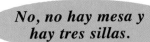

> *No, no hay mesa y hay tres sillas.*

Se alquilan pisos
Tel. 76 93 11

Cocina: cocina eléctrica, lavadora, nevera, radio
Kitchen: electric cooker, washing machine, fridge, radio
Comedor: mesa, cuatro sillas
Dining room: table, four chairs
Salón: sofá, dos butacas, estéreo, vídeo, televisión en color
Sitting room: sofa, two armchairs, stereo, video, colour television
Dormitorio: cama, alfombra, armario, lámpara
Bedroom: bed, rug, wardrobe, lamp
Terraza: cinco sillas, mesa
Terrace: five chairs, table

Se alquilan pisos (página 23)

¿Dónde pongo su sofá?

Tu familia compra un piso en España. Tú tienes un plano del piso y el hombre (tu pareja) tiene la lista de los muebles. El hombre (tu pareja) dice, por ejemplo, ¿Dónde pongo su sofá? Tú dices: Ponga el sofá enfrente de la ventana. Mira el ejemplo más completo:

El sofá, ¿dónde pongo su sofá?

Ponga el sofá en el salón cerca de la terraza y del dormitorio.

¿Y su butaca?

Nuestra butaca, en el salón también, enfrente de la ventana.

¿Y su lavadora?

Al lado de la cocina eléctrica, enfrente del fregadero.

¿Dónde pongo su sofá?

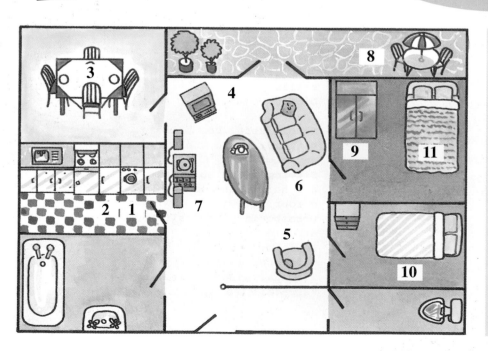

Leyenda

1	lavadora
2	nevera
3	mesa grande/cuatro sillas
4	televisión/vídeo
5	butaca
6	sofá
7	tocadiscos
8	mesa/dos sillas
9	armario
10	cama individual
11	cama de matrimonio

Una casa de palabras

Dibuja una casa o una habitación con palabras.

Si no sabes
una palabra, busca
en el diccionario.

La casa de mis sueños

Lee y escucha la poesía.

Vivo en un piso y en una casa
De día en el centro de la ciudad
En un piso pequeño con dos dormitorios
Salón-comedor, cocina y baño.

De noche vivo en la costa
En una casa grande con vistas al mar
Un jardín inmenso
Y una piscina más grande que el océano.
El piso no tiene jardín claro
Ni terraza ni piscina
Pero de noche ves flores, árboles
Y canarios volando

Tienes que visitar mi casa
La puerta está siempre abierta
Pero te pido un favor
Visítame de noche y no de día.

Palabras útiles

de día	by day
de noche	by night
vistas al mar	sea views
árboles	trees
volando	flying

Ahora sé ...

decir dónde vivo ●

Vivo en una casa cerca de la playa.

Vivo en un piso en el segundo piso.

I live in a house near the beach.

I live in a flat on the second floor.

decir cómo es mi casa ●

Nuestra casa es grande y tiene jardín.

En nuestro piso hay ocho habitaciones: cuatro dormitorios, un cuarto de baño, una cocina, un comedor y un salón.

No hay terraza.

Arriba hay dos dormitorios y abajo hay un salón-comedor y cocina.

Hay un ascensor y una escalera.

Our house is large and has a garden.

In our flat there are eight rooms: four bedrooms, a bathroom, a kitchen, a dining room and a lounge.

There isn't a terrace.

Upstairs there are two bedrooms and downstairs there is a lounge/dining room and kitchen.

There is a lift and stairs.

decir qué hay en mi casa ●

En nuestra cocina hay una lavadora, una nevera y una cocina eléctrica.

Hay un vídeo y un estéreo en nuestro salón.

En mi dormitorio hay una cama, una alfombra, una lámpara y un armario.

Tengo una radio y una televisión.

En el salón-comedor hay un sofá, dos butacas, una mesa y unas sillas.

Hay dos cuartos de baño y aseo.

In our kitchen there is a washing machine, a fridge and an electric cooker.

There is a video and a stereo in our lounge.

In my bedroom there is a bed, a carpet, a lamp and a wardrobe.

I have a radio and a television.

In the lounge/dining room there is a sofa, two armchairs, a table and some chairs.

There are two bathrooms and a toilet.

hacer preguntas ●

¿Dónde vives?

¿Vives en una casa o en un piso?

¿Cómo es vuestra casa?

¿Cómo es vuestro salón?

¿Qué hay en su piso?

¿Son grandes sus dormitorios?

Where do you live?

Do you live in a house or a flat?

What is your house like?

What is your lounge like?

What is there in their flat?

Are their bedrooms large?

Vuelvo a casa a las seis.

En esta unidad vas a aprender a:

• describir tu rutina diaria, hacer preguntas y entender la rutina de otros

Me despierto a las ocho.

Mi rutina diaria

Tu corresponsal te envía unas fotos y un casete.
Mira las fotos y escucha el casete. ¿Cómo es su rutina?

Me despierto.

Me levanto.

Me ducho.

Me visto.

Salgo de casa.

Voy al colegio.

Vuelvo a casa.

Estudio.

Ceno.

Me lavo la cara y los dientes.

Me acuesto.

Contra–reloj

Mira las frases. Las palabras no están en orden. Ponlas en orden.

Ejemplo:

Me ocho a las levanto =
Me levanto a las ocho.

Luego pon las frases en orden.

Ejemplo:

1 (7)Me despierto a las siete y media.
2 (1)Me levanto ...

2
a Me las once media y acuesto

3
de nueve cuarto menos casa Salgo las a

4
Vuelvo dos a casa las a

5
ducho Me

6
a nueve Ceno las

7
media despierto a Me siete las y

1
Me ocho a las levanto

8
visto Me en dormitorio el

9
cara dientes los y Me la lavo

10
en Estudio casa

Un día típico

 Cuatro españoles van a visitar tu colegio.
Preparas estas preguntas.
Escucha el casete. ¿Qué contestan? ¿Qué diferencias hay entre la rutina española y nuestra rutina?

> ¿A qué hora te despiertas?

> ¿Desayunas?

> ¿A qué hora te acuestas?

> ¿A qué hora sales de casa?

> ¿A qué hora cenas?

> ¿Comes en el colegio?

> ¿Qué haces por la tarde?

> ¿A qué hora vuelves a casa?

Túrnate con tu pareja para hacer un diálogo con las preguntas arriba.

Sancho y Panza

Lee y escucha.

Mi nombre y mi rutina diaria

Escribe tu nombre y con las letras forma una frase.

Ejemplo:

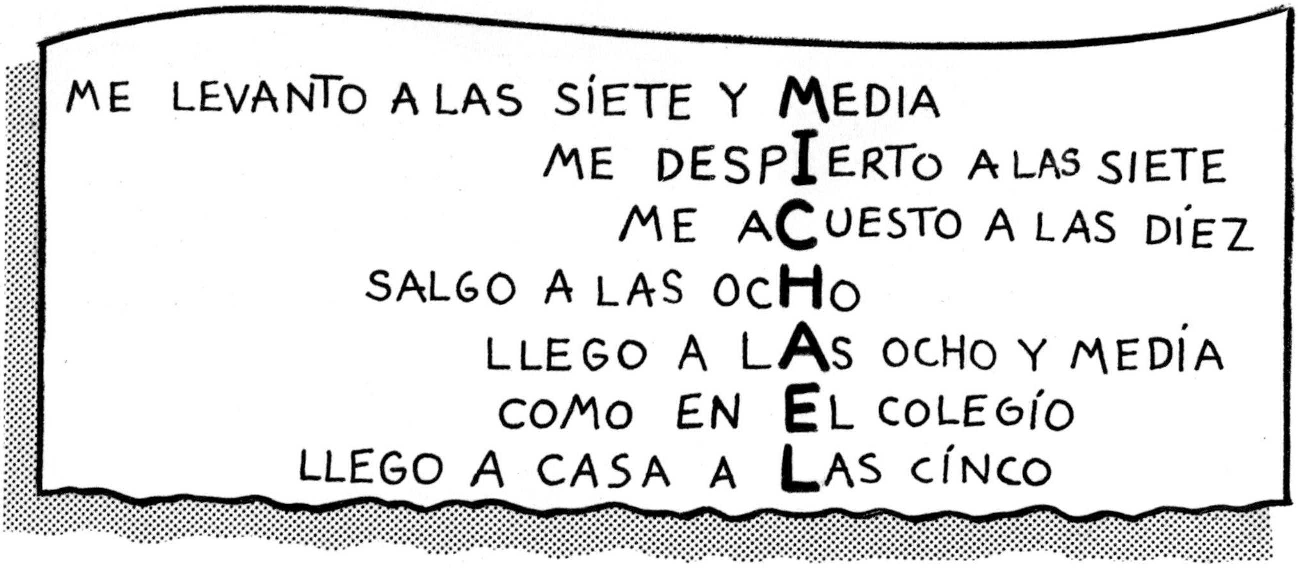

```
ME  LEVANTO A LAS SÍETE Y MEDIA
            ME  DESPIERTO A LAS SIETE
                 ME  ACUESTO A LAS DÍEZ
         SALGO A LAS OCHO
              LLEGO A LAS OCHO Y MEDÍA
              COMO  EN EL COLEGÍO
         LLEGO A CASA A LAS CÍNCO
```

Si tienes tiempo usa también el apellido.

Correo electrónico

Recibes una carta por correo electrónico. Lo malo es que es difícil leerla. ¿Entiendes lo que dice?

Medespiertoalasnueveme
duchoysalgodecasanotom
oeldesayunovoyalcolegio
queestacercacomoenelcole
gioyvuelvoacasaalasseisy
mediahagolosdeberesyesc
ucholosdiscoscenoalasnuev
eymelavolacaraylosdientes
meacuestoalasdiezymedia

¿Puedes escribirlo bien?

Una carta de Miguel

Miguel escribe una carta a su corresponsal.
Escribe una respuesta a su carta usando la
carta como modelo.

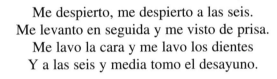

Santillana 3 de noviembre

Querido Paul:

*Gracias por tu carta. En tu carta me preguntas
qué hago en un día normal. Te explico mi
rutina diaria. Me despierto a las siete y cuarto.
Me levanto, me visto y tomo el desayuno en la
cocina. Tomo café y cereales. Salgo de casa
a las ocho y voy al colegio. Las clases
empiezan a las nueve. Comemos a la una en el
colegio y luego juego al fútbol con mis amigos.
Vuelvo a casa a las seis y media. Hago mis
deberes y veo la televisión. Cenamos a las diez
y me acuesto a las once.
¿Cómo es un día típico para ti? Cuéntamelo en
tu próxima carta.*

Un abrazo de tu amigo,
Miguel

Me despierto

 Lee y escucha la canción.

Me despierto, me despierto a las seis.
Me levanto en seguida y me visto de prisa.
Me lavo la cara y me lavo los dientes
Y a las seis y media tomo el desayuno.

Salgo de casa, salgo de casa a las siete.
Voy al colegio en el autobús.
Llego a las siete y media más o menos
Y chalo con mis amigos en el patio.

Vuelvo a casa, vuelvo a casa a las dos.
Como con la familia en el comedor.
Vuelvo al colegio a las tres y media
Y trabajo hasta las seis cuando se terminan los estudios.

Hago los deberes, hago los deberes a los ocho.
A las nueve ceno, otra vez en el comedor.
Me acuesto a las once y leo un poco
Y me duermo casi en seguida, en la cama yo estoy.

¿Y los fines de semana?

Me despierto, me despierto a las diez.
No me levanto en seguida y no me visto de prisa.
Me ducho a las doce y voy al café
Y a las tres y media vuelvo a comer.

Por la noche voy al cine o a la discoteca
O veo un partido de fútbol en el estadio.
Ceno a las once en un restorán
Y vuelvo a la una, en la cama yo estoy.

¿Y los domingos?

No me despierto.

Un día en la vida de un español

Abajo tienes una parte de un artículo de una revista española que habla de la vida diaria de unos españoles de hoy.

Aquí tenemos las preguntas del periodista: ►

Imagina que eres el/la periodista y pide a tu pareja que haga el papel de uno de los personajes. Luego túrnate con él o ella para ser otro personaje.

¿Cómo se llama usted?

¿Cuál es su profesión?

¿A qué hora se despierta usted?

¿A qué hora se levanta usted?

¿Qué toma usted para desayunar?

Cuando sale de casa, ¿adónde va?

¿A qué hora empieza el trabajo?

¿A qué hora vuelve a casa?

¿Qué hace usted normalmente por la tarde?

¿A qué hora se acuesta usted?

Me llamo	Lola Flores	Sr. González	Manuel Aguirre

Soy	actriz	director	futbolista
Me despierto	a las diez	a las seis	a las nueve
Me levanto	a mediodía	en seguida	a las nueve y media
Tomo	café solo	té con limón	tostadas y leche
Voy	al teatro	a la fábrica	al estadio
Empiezo	a las cuatro	a las siete	a las diez y media
Vuelvo	a las siete	a las tres	a las dos
Por la tarde	trabajo	veo la televisión	voy al cine
Me acuesto	a las dos	a las once	a la una

Entrevistas en la radio

Escucha las entrevistas en la radio con un torero, un camarero, un taxista, un minero y un frutero.
¿Quién habla? ¿Qué información entiendes?
Compara tus notas con tu pareja.

Ejemplo:

Woman taxi driver, gets up at 11, prepares lunch, eats at home at 2, goes to station, picks up tourists, works until 2am.

¿Cómo pasáis el fin de semana?

La familia española quiere saber qué hacéis los fines de semana. Te hacen muchas preguntas sobre tu rutina. Lee el diálogo y contesta las preguntas según la información en los dibujos. Tu pareja hace el papel del padre o de la madre. Luego túrnate con él o ella.

Ejemplo:

Padre: ¿A qué hora os levantáis normalmente los fines de semana?
Tú: Normalmente nos levantamos a las nueve, nueve y media.
Padre: ¿Dónde tomáis el desayuno?
Tú: En el comedor.
Padre: ¿Qué tomáis?
Tú: Depende. Generalmente tostadas y café con leche.
Padre: ¿Qué hacéis después?
Tú: Nos duchamos y nos vestimos.
Padre: ¿A qué hora salís de casa?
Tú: Salimos a las once.
Padre: ¿Adónde vais?
Tú: Vamos a las tiendas, a la tienda de discos, por ejemplo.

Ahora te toca a ti.

Padre o madre: ¿A qué hora os levantáis?

Tú:

Padre o madre: ¿Dónde tomáis el desayuno?

Tú:

Padre o madre: ¿Qué tomáis?

Tú:

Padre o madre: ¿Qué hacéis después?

Tú:

Padre o madre: ¿A qué hora salís de casa?

Tú:

Padre o madre: ¿Adónde vais?

Tú:

33

¡Están locos los ingleses!

Una amiga española trabaja como 'au pair' en Londres. No le gusta la rutina inglesa.
¿Qué diferencias hay comparada con la rutina española?
¿Es una familia típica?

Trabajo en casa de una familia inglesa. Tienen dos niños, de 4 y 5 años. Es muy difícil. Los padres se despiertan muy temprano, a las seis y media y yo preparo su desayuno. Comen en la cama. Luego su duchan, se lavan... Los niños se levantan más tarde a las siete y media. No se lavan los dientes.

A mediodía los padres no vuelven a casa a comer y yo tengo que preparar la comida. Los niños comen a las doce. ¡Pero yo no tengo hambre a las doce!

Por la tarde los niños se acuestan a las siete y cenamos a las ocho. Se acuestan los padres a las once. ¡Yo salgo de casa a las once en España! Nos acostamos a la una o a las dos en mi familia. ¿Es normal eso? ¡Me vuelvo loca aquí!

Un abrazo,

¿Verdad o mentira?

A ver cuánto entiendes de la rutina española. Di si estas frases son verdad o mentira.

Ejemplo:

Los españoles se acuestan temprano a las diez = mentira

1 **Los españoles comen a las dos o a las tres.**
2 **Los españoles cenan a las cinco.**
3 **Los jóvenes españoles vuelven a casa a las seis o a las siete después del colegio.**
4 **Los españoles se acuestan tarde – a las doce, a las dos ...**
5 **Los españoles comen a las doce.**

Escribe un test para un español sobre la rutina en tu país.

Ejemplo:

Los ingleses comen a las doce o a la una = verdad

El trabajo en casa

¡Qué contraste!

tener que	to have to

 **Tengo que preparar el desayuno**

 **Tengo que hacer las camas**

Tengo que poner la mesa

 **Tengo que lavar los platos**

 **Tengo que ir de compras**

 **Tengo que hacerlo todo**

No tengo que preparar el desayuno
No tengo que hacer las camas
No tengo que poner la mesa
No tengo que lavar los platos
No tengo que ir de compras
No tengo que hacer nada

Juego-test

¿Qué haces tú?
Si lo haces todo tienes 5 puntos.
Si no haces nada tienes 0 puntos.

Ejemplo:

Pongo la mesa = 1 punto
Lavo los platos = 1 punto
Total = 2 puntos

Mira abajo a ver la opinión de los expertos.

5 puntos = Fenomenal. ¡Eres fantástico!
4 puntos = Muy bien. Haces mucho en casa.
3 puntos = Bien, está bien.
2 puntos = Bueno, no está mal.
1 punto = ¡Ay! ¿Qué pasa?
0 puntos = ¡Qué desastre! ¿Vives en una casa o en un hotel?

Tengo que trabajar

Un amigo te invita a salir pero tú tienes que trabajar. Túrnate con tu pareja para hacer los diálogos.

Ejemplo:

¿Quieres ir al parque por la mañana?

Lo siento, tengo que ir de compras.

Aquí tienes las invitaciones:

lunes	ir al parque por la mañana
martes	ir al concierto a las diez de la noche
miércoles	charlar con amigos en el bar
jueves	salir a jugar al voleibol
viernes	ir a la playa antes de desayunar

Y aquí el trabajo que tienes que hacer:

lunes	ir de compras
martes	lavar los platos
miércoles	poner la mesa
jueves	hacer las camas
viernes	preparar el desayuno

Extra

¿Cuántas frases puedes hacer con estos dibujos en diez minutos?

35

Ahora sé …

describir mi rutina diaria ●●●●●●●●●●●●●●●●●●●●●●●●●●●●●●●●

Me despierto a las siete.
Nos levantamos temprano.
Me ducho, me lavo la cara y me lavo los dientes.
Tomamos el desayuno en el comedor.
Salgo de casa a las ocho.

I wake up at seven.
We get up early.
I have a shower, wash my face and clean my teeth.
We have breakfast in the dining room.
I leave the house at eight.

hacer preguntas a otros y entender su rutina ●●●●●●●●●●●●●●●●●●

¿A qué hora se levanta usted?
¿Comes en el colegio?
¿Qué haces por la tarde?
¿A qué hora cenáis?
¿A qué hora se acuestan los españoles?
Mi hermana no hace sus deberes.
María se despierta muy temprano.

What time do you get up?
Do you eat in school?
What do you do in the evening?
What time do you eat dinner?
What time do Spaniards go to bed?
My sister doesn't do her homework.
Maria gets up very early.

describir lo que hago en casa ●●●●●●●●●●●●●●●●●●●●●●●●●●●●

Hago las camas.
Pongo la mesa.
Preparo el desayuno.
Tengo que ir de compras.
No tengo que lavar los platos.

I make the beds.
I set the table.
I prepare breakfast.
I have to go shopping.
I don't have to wash the dishes.

describir lo que hacen otras personas ●●●●●●●●●●●●●●●●●●●●●●●

Mis padres se levantan temprano.
Mi hermana vuelve a casa a las ocho.
Mis hermanas se acuestan a las dos.

My parents get up early.
My sister gets back home at eight.
My sisters go to bed at two.

UNIDAD 4 En el instituto

En esta unidad vas a aprender a:

Es grande con mil alumnos y sesenta profesores.

• describir tu colegio

Estudio inglés a las nueve el lunes.

• hablar de las asignaturas que estudias y de tu horario

No me gustan las ciencias. Son difíciles.

• dar tu opinión sobre ellas

¿Qué te gusta?

Me gustan las matemáticas.

• hacer preguntas a otras personas

Las asignaturas

En un instituto español los alumnos estudian estas asignaturas. A ver si sabes que significan las asignaturas en español. ¿Son buenos los dibujos? Si no te gustan, dibuja otros.

1 la física

2 el dibujo

3 el deporte

4 los trabajos manuales

5 la gimnasia

6 la informática

7 educación fisica

8 la mecanografía

9 el francés

10 la química

11 la biología

12 el inglés

13 la lengua española

14 la historia

15 la música

16 la religión

17 la geografía

18 el alemán

19 el latín

20 la tecnología

El horario

Luisa te ha enviado un horario y una cinta. Mira primero el horario. ¿Entiendes todas las asignaturas? Si no, pregunta a tu profesor(a).

Ejemplo:

Tú: **¿Qué significa dibujo?**
Tu profesor(a): Bueno, es como arte.
Tú: **Gracias.**

Quieres saber más:
- ¿Qué hace Luisa durante el recreo?
- ¿Cuál es su día favorito?
- ¿Qué asignaturas le gustan más?
- ¿Qué deportes se practican?

Escucha la cinta y descubre las respuestas.

	LUNES	MARTES	MIÉRCOLES	JUEVES	VIERNES
9.00–10.00	matemáticas	gimnasia	trabajos manuales	lengua española	inglés
10.00–11.00	lengua española	biología	inglés	música	deporte
11.00–11.30	R	E	C	R	E	O
11.30–12.30	física	lengua española	matemáticas	gimnasia	geografía
12.30–1.30	geografía	música	informática	química	dibujo
1.30–4.00	C	O	M	I	D	A
4.00–5.00	religión	geografía	física	matemáticas	mecanografía
5.00–6.00	inglés	matemáticas	dibujo	tecnología	lengua española

¿Qué vas a estudiar?

 Vas a visitar el instituto de Luisa. Quieres saber qué vas a estudiar. Luisa tiene el horario arriba y te dice las asignaturas y las horas. Escribe las horas y las asignaturas. Túrnate con tu pareja para describir el horario para el martes, miércoles, jueves y viernes.

¿A qué hora empiezas el lunes?

Empiezo a las nueve.

¿Qué asignatura tienes?

Matemáticas. Y a las diez, lengua española.

¿A qué hora tienes recreo?

¿Qué se estudia aquí?

 Visitas el instituto de Luisa. Escucha a los profesores. ¿Qué asignatura es?

¿Eres un genio?

¿Cuánto valen las asignaturas? Haz un poco de matemáticas para descubrir.

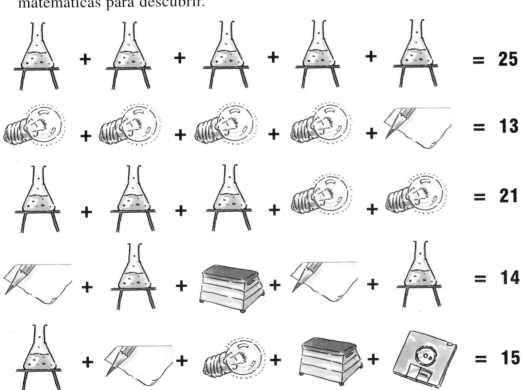

Tu horario ideal

Imagina que vas a un instituto y que puedes
decidir qué clases vas a visitar. Escribe un
horario ideal para un día utilizando las mismas
horas de clase. No puedes estudiar una
asignatura más de dos horas.

	LUNES	MARTES	MIERCOLES	JUEVES	VIERNES
9.00-10.00					
10.00-11.00					
11.00-11.30	R E C R E O				
11.30-12.30					
12.30-1.30					

¿Qué piensas tú?

Aquí están unas frases que te ayudarán más
a expresar tus gustos y opiniones.

 Compáralo con el de tu pareja.
¿Son similares?

Ejemplo:

 ¿Qué estudias?

*Primero deporte dos horas.
¿Y tú?*

*Informática a las nueve y
tecnología a las diez. ¿Y qué
estudias después?*

 *A las once y
media inglés.*

*Las ciencias son
más difíciles que
las lenguas.*

*Me gusta la
música.*

*Detesto la
geografía.*

*Prefiero los
deportes.*

*Se me dan bien
las matemáticas y
la tecnología.*

*La informática es
muy fácil y útil.*

*La física es más
aburrida que la
química.*

*El inglés es
difícil pero
interesante.*

*No me gusta nada
la historia.*

Palabras útiles

se me da(n) bien	I'm good at
aburrido	boring
fácil	easy
útil	easy

 Escucha a los españoles.
¿Estás de acuerdo?

*Me gusta más
la gimnasia.*

¿Por qué hay un viernes?

 Escucha la canción. ¿Estás de acuerdo?

El lunes, martes, miércoles, jueves,
¡Ay! ¡qué bien!
El lunes, martes, miércoles, jueves,
¡Ay! ¡qué bien!
El deporte y el inglés,
La cocina y la física,
Todo, todo, todo,
¡Ay! ¡qué bien!

El lunes, martes, miércoles, jueves,
¡Ay! ¡qué bien!
El lunes, martes, miércoles, jueves,
¡Ay! ¡qué bien!
La historia y el francés,
La geografía y la gimnasia,
Todo, todo, todo,
¡Ay! ¡qué bien!

El lunes, martes, miércoles, jueves,
¡Ay! ¡qué bien!
El lunes, martes, miércoles, jueves,
¡Ay! ¡qué bien!
El dibujo y la música
La informática y las matemáticas,
Todo, todo, todo,
¡Ay! ¡qué bien!

El viernes, viernes, viernes,
¡Ay! ¡qué pena!
El viernes, viernes, viernes,
¡Ay! ¡qué pena!
La mecanografía no me gusta
Y la informática es aburrida.
Todo, todo, todo,
¡Ay! ¡qué pena!

El viernes, viernes, viernes,
¡Ay! ¡qué pena!
El viernes, viernes, viernes,
¡Ay! ¡qué pena!
El latín no es útil,
Ni la química es muy fácil,
Todo, todo, todo,
¡Ay! ¡qué pena!

El lunes, martes, miércoles, jueves,
¡Ay! ¡qué bien!
El viernes, viernes, viernes,
¡Ay! ¡qué pena!
Si un día soy director
Voy a decir por favor:
Todo, todo, todo,
¡Ay! ¡qué bien!
El lunes, lunes, martes, miércoles, jueves. ¡Qué bien!

Correo electrónico

Tu colegio recibe una carta de unos alumnos españoles. Quieren saber que opinan otros alumnos sobre las asignaturas. Lee el mensaje y escribe una respuesta a sus preguntas.

Queridos amigos:

Somos alumnos del Instituto Santa Clara de Santander, España. Queremos comparar la opinión en otros países y colegios con nuestras opiniones.

Por favor contesta a las preguntas y manda una respuesta.

* Da tus opiniones sobre las ciencias, las matemáticas y las lenguas.
  Ejemplo: Me gustan mucho las ciencias.
* ¿Qué deportes prefieres?
* Da tu opinión sobre la historia, la geografía y la religión.
  Ejemplo: La historia es fácil.
* ¿Prefieres los deportes o la gimnasia?
* ¿Qué asignaturas se te dan bien?
  Ejemplo: Se me dan bien el inglés, la música y la química.

Gracias por tu ayuda.

J.M.Pertusa@Ins.San.Clara.San.esp

Pilla al intruso

Escribe la palabra que no va con las otras.

Ejemplo:

el alemán, el francés, la música, el español = la música

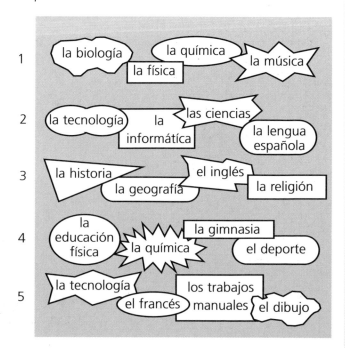

1 la biología · la química · la física · la música

2 la tecnología · la informática · las ciencias · la lengua española

3 la historia · el inglés · la geografía · la religión

4 la educación física · la química · la gimnasia · el deporte

5 la tecnología · el francés · los trabajos manuales · el dibujo

Sancho y Panza

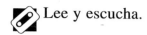 Lee y escucha.

¿Estás de acuerdo?

Hablas con unos chicos en el instituto. Te dicen lo que estudian y lo que piensan. Escucha a los alumnos, Jaime, Pablo, Marisol y Paca. Haz una lista de las asignaturas y de sus opiniones. ¡A ver si tienes la misma opinión que ellos!

Ejemplo:

Jaime ✓ matemáticas interesantes
Marisol ✗✗ matemáticas difíciles.

Estoy de acuerdo con Jaime. Las matemáticas me gustan. Son interesantes.
No estoy de acuerdo con Marisol. No son difíciles, son fáciles.

Palabras útiles	
fácil	fáciles
difícil	difíciles
interesante	interesantes
aburrido(a)	aburridos(as)
útil	útiles

Hablando de las asignaturas

Hablas con un amigo/a español(a) – tu pareja – sobre las asignaturas. Haz preguntas a ver si tenéis cosas en común.

Ejemplo:

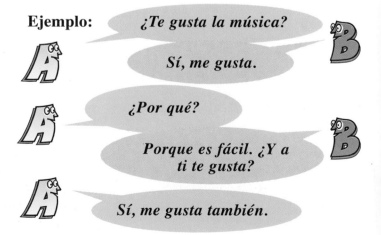

¿Te gusta la música?

Sí, me gusta.

¿Por qué?

Porque es fácil. ¿Y a ti te gusta?

Sí, me gusta también.

Una carta de su corresponsal

Paul recibe una carta de Miguel. Miguel describe su vida en el colegio
y envía una copia de su evaluación. Lee la carta y la evaluación.
¿Está de acuerdo Miguel con todo lo que hay en la evaluación?

Santillana, 13 de noviembre

Querido Paul:

Gracias por tu carta. Espero que estás bien. Yo no estoy contento porque a mis padres no les gusta mi primera evaluación. Mis profesores dicen que no trabajo bastante. Yo creo que trabajo mucho.

Se me dan bien las lenguas pero detesto las ciencias. Las matemáticas son difíciles y el profesor es aburrido. Me gusta mucho la geografía pero 'suficiente' no está bien. El dibujo es fácil y trabajo muy bien en clase pero el profesor sólo me ha dado 'bien'. No entiendo por qué.

¿Cuáles asignaturas te gustan? ¿Se te dan bien las lenguas? ¿Cómo son los profesores?

Los míos son bastante simpáticos en general pero muy estrictos.

Bueno, cuéntame cómo son tus estudios.

Recuerdos a tu familia.

Un abrazo,
Miguel

MATERIAS	1ª evaluación	
	Conoc.	Act.
Matemáticas	I	D
Física	I	D
Lengua Española	SB	A
Inglés	N	B
Geografía	SF	C
Religión	BN	C
Dibujo	BN	B
Educación Física	N	C
Latín	SF	D
Observaciones	El alumno Puente tiene que trabajar mucho más en matemáticas, física y química y estudiar más en geografía y latín. Es bastante inteligente pero puede obtener mejores resultados.	

TABLA DE EQUIVALENCIAS

CALIFICACION	ACTITUD
SB Sobresaliente	A Muy buena
N Notable	B Buena
BN Bien	C Normal
SF Suficiente	D Pasiva
I Insuficiente	E Negativa
MD Muy deficiente	

Cartilla de Evaluación Progresiva

Alumno

Puente   Villar   Miguel

Domicilio c/Cautón 24 Teléfono 37-21-42

¿Cuál prefieres?

En el colegio de tu corresponsal puedes ir a las clases que te interesan. Después del recreo hay cuatro clases distintas: mecanografía, física, dibujo y educación física.

Escucha a tus amigos en el patio y decide. Toma notas de las asignaturas y de las opiniones sobre las clases. ¿Cuál prefieres? ¿Por qué?

Una visita al instituto

Vas a visitar el instituto de tu corresponsal con tus amigos. Han preparado un plano del instituto y una información bastante breve.

Mira primero el plano. ¿Qué diferencias hay entre tu colegio y éste?

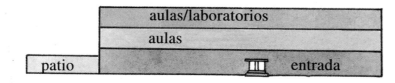

la biblioteca

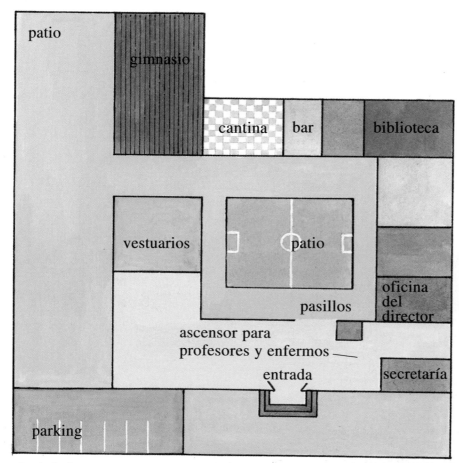

planta baja

el patio

una aula

44

Lee la descripción
del instituto y
mira el plano en la
página 44.
Escribe una introducción
a tu colegio para un
español que va a
visitarlo.

El instituto está cerca del centro de la ciudad. En el instituto
hay mil alumnos y noventa profesores. Los alumnos tienen entre
14 y 19 años.

Las clases empiezan a las nueve y duran una hora. Hay recreo a
las once y la comida es a la una y media. Por la tarde hay clases de 4 a 6.
Para los mayores que trabajan fuera hay el bachillerato nocturno.
Para ellos hay clases de 6 a 11 de la noche. Las clases duran 45
minutos y no hay recreo – sólo cinco minutos entre las clases. Los
mayores que viven fuera pueden estudiar el bachillerato a distancia.
Es decir, normalmente estudian en casa.

En la planta baja hay el patio, el gimnasio, la bibioteca, las
oficinas y el bar. Los alumnos vienen al bar durante el recreo. En el
primer piso hay muchas aulas y oficinas de los departamentos
diferentes – lenguas, sociales, ciencias, etcétera. En el segundo hay
también aulas y laboratorios.

Hay normalmente más de 30 alumnos en cada clase. No se
permite fumar en las aulas pero en los pasillos, sí.

45

Más tarde durante la visita quieres ir a varios
sitios sin guía. Preguntas a un alumno que está
en la entrada.

Ejemplo:

*Tuerce a la izquierda, luego a
la derecha y está al final del pasillo
a mano izquierda.*

*¿Por dónde se
va al gimnasio,
por favor?*

Pide a tu pareja que haga el papel del
alumno y hazle preguntas para ir a
todos los sitios en esta planta. Luego túrnate
con tu pareja.

¿Cómo es vuestro colegio?

Haz una comparación entre tu colegio y el de unos amigos españoles. Túrnate con tu pareja para hacer un diálogo con uno de los amigos. Aquí tienes la información sobre los dos colegios. ➤

EL COLEGIO ESPAÑOL	EL COLEGIO INGLÉS
600 alumnos	1000 alumnos
38 profesores	60 profesores
piscina	polideportivo
gimnasio	gimnasio
cerca del pueblo	lejos del pueblo

Ejemplo:

¿Cuántos alumnos hay en vuestro colegio?

En nuestro colegio hay seiscientos alumnos. ¿Y en vuestro colegio?

Hay mil alumnos y sesenta profesores.

Ahora compara estos colegios con otro abajo que has visitado en España con otros amigos. Toma los mismos papeles que antes.

1500 alumnos
110 profesores
piscina
polideportivo
gimnasio
cerca del centro del pueblo

Ejemplo:

Inglés: **Nuestro colegio tiene mil alumnos pero su colegio tiene mil quinientos.**

Español: **Y ciento diez profesores. Nuestro colegio sólo tiene treinta y ocho.**

Un profesor español visita tu colegio. Prepara una descripción completa de tu colegio. Si quieres, puedes grabar tu descripción en una cinta.

Ahora sé ...

describir mi colegio ●

Hay mil alumnos.	There are one thousand pupils.
Hay setenta profesores.	There are seventy teachers.
En la planta baja hay la biblioteca, la oficina,	On the ground floor there is the library, the office,
la cantina, la cocina, el gimnasio,	the canteen, the kitchen, the gym,
la oficina del director y los laboratorios.	the Head's office and the labs.

hablar de las asignaturas que estudio y de mi horario ● ● ● ● ● ● ● ● ● ● ● ● ● ● ● ●

Las aulas están el en primer piso.	The classrooms are on the first floor.
Empiezo las clases a las nueve.	I begin lessons at nine.
Hay recreo a las once y la comida es a las doce y media.	Break is at eleven and lunch is at twelve thirty.
Vuelvo a casa a las cinco.	I return home at five.
Estudio lengua, matemáticas, arte, inglés, música, ciencias, alemán e informática.	I study language, maths, art, English, music, sciences, German and IT.
Me gusta la historia pero no me gustan los trabajos manuales.	I like history but do not like craft.
Prefiero el francés y la música.	I prefer French and music.
Me gusta más la biología porque es interesante.	I prefer biology because it is interesting.
Es difícil el dibujo y detesto la mecanografía — es aburrida.	Drawing is difficult and I hate typing — it's boring.
Las ciencias son más difíciles que las lenguas.	Sciences are more difficult than languages.
Se me dan bien los deportes y el alemán.	I'm good at games and German.
Detesto la física y la tecnología.	I hate physics and technology.

hacer preguntas a otros ●

¿Qué asignaturas estudias?	What subjects do you study?
¿Qué te gusta?	What do you like?
¿Estudias geografía y latín?	Do you study geography and latin?
¿Cuál prefieres, la informática o la mecanografía? ¿Por qué?	Which do you prefer, IT or typing? Why?
¿Cuántos profesores hay?	How many teachers are there?
¿Cuántos alumnos hay?	How many pupils are there?
¿A qué hora tienes recreo?	What time is break?
¿Cómo es tu colegio?	What is your school like?
¿Por qué te gusta la química?	Why do you like chemistry?
¿Es útil? ¿Es fácil?	Is it useful? Is it easy?
¿Son difíciles las matemáticas?	Is maths difficult?

47

¿Tiene una habitación, por favor?

En esta unidad vas a aprender a:

¿Tiene una habitación libre?

Sí señor,¿individual o doble?

Le ruego me envíe un folleto sobre Santander y una lista de hoteles.

• pedir y entender información sobre hoteles y hostales y sus facilidades

• reservar habitaciones

El ascensor no funciona.

• resolver problemas

Pidiendo información

Para hacer una reserva en un hotel o en un hostal primero necesitas información. Mira abajo la información que envía la oficina de turismo de Santander.
• un mapa de la provincia
• planos
• listas de hoteles y campings
• folletos sobre hoteles, hostales y campings
• información sobre Santander y la región
• horarios de trenes y de autocares

Oficinas municipales de turismo

No dude en acudir a las Oficinas Municipales de Turismo para obtener una amplia y extensa información. En ellas encontrará a su disposición un equipo de profesionales que le facilitará cualquier información o aclaración que precise para vivir o dormir en Santander.
Nos encontrará en los siguientes emplazamientos:

➤ Jardines de Pereda.

➤ Primera Playa de El Sardinero.

➤ Entrada Hospital de Valdecilla.

➤ Inmediaciones de la Plaza de Toros.

➤ Comienzo de la calle Marqués de la Hermida.

Servicio informatizado

Todos estos servicios turísticos que el Ayuntamiento de Santander pone a su disposición están apoyados por un completísimo programa informático. Con nuestro soporte de datos podrá obtener, noche y día, cualquier información que necesite sobre Santander, Cantabria, así como datos de interés nacional e internacional.

DEJES LLEVA

SANTAN LE GU

AYUNTAMIENTO D

49

Estás con tu familia en Santander. Túrnate con tu pareja (el empleado/la empleada) para hacer diálogos. Pide tres o cuatro cosas.

Ejemplo:

Tú:	*Buenos días.*
Empleado/a:	*Buenos días, ¿qué desea?*
Tú:	*Quisiera un plano de Santander y una lista de hoteles.*
Empleado/a:	*¿Algo más?*
Tú:	*Sí, quisiera información sobre Santander.*
Empleado/a:	*Vale.*
Tú:	*Muchas gracias. Adiós.*
Empleado/a:	*Adiós.*

Le ruego me envíe ...

Quieres una lista de hoteles y hostales en
Santander e información sobre la ciudad.
Mira la carta de Joanne y cambia los detalles.

Un folleto sobre Santiago

Tu profesor de español sabe que tienes
información sobre Santiago. ¿Puedes
contestar sus preguntas?
- ¿Dondé está Santiago?
- ¿Cómo se va a Santiago?
- ¿Cuántos hoteles y hostales hay?
- ¿Qué se come?
- ¿Qué deportes hay?
- ¿Cuándo celebran la fiesta?
- ¿Adónde van de excursión?

> Oficina de Turismo
> Plaza Porticada, 1
> Santander
> España
>
> Newport, 2 de abril, de 1995
>
> Muy señor mío:
>
> Voy a pasar una semana en Santiago en
> agosto. Le ruego me envíe información
> sobre la ciudad. Quisiera un folleto de
> datos informativos y una lista de hoteles.
>
> Le saluda atentamente,
>
> Joanne Palmer

Santiago

Situada en el noroeste de España está la antigua y
hermosa ciudad de **Santiago de Compostela**. Gran
centro religioso, artístico, histórico y cultural, Santiago
es una ciudad que parece dormir
entre las montañas del corazón
de Galicia.

Santiago no es simplemente una
ciudad con monumentos, el
monumento es la ciudad misma, y
su gloria es la catedral en la que se
encuentra el sepulcro del Apóstol
Santiago, santo patrón de España.

Comunicaciones: Por su situación,
Santiago es centro de
comunicaciones por carretera de
Galicia. Tiene también estación de
ferrocarril, de autobuses y aeropuerto
de primera categoría. Hay trenes
todos los días a Madrid, La Coruña, Pontevedra, Vigo,
Bilbao, San Sebastián y a Portugal por Vigo.

Capacidad Hotelera: Santiago tiene ocho hoteles, con
capacidad para 1.402 personas, y 39 hostales con 2.767
plazas. Hay dos campings de 1ª y 2ª categoría, con
capacidad para 650 personas.

Cocina: ¡Maravillosa! Como Santiago está muy cerca del
mar se come mucho pescado y marisco. Son muy buenos la
tarta compostelana, especialidad de la ciudad, y los varios
quesos de la región. En Santiago hay
muchos restaurantes buenos, y
también muchos barcs, cafeterías y
pubs. Las tapas son excelentes.

Deportes y Espectáculos: Existen en
Santiago varios clubs y sociedades
deportivas. Se puede jugar al golf, al
baloncesto, al fútbol y al tenis. Hay un
club ciclista y una piscina climatizada.
La pesca es muy popular. Hay unas diez
discotecas, cuatro cines y dos teatros,
varios museos y salas de exposiciones.

Fiestas: La más importante es la Fiesta
del Apóstol Santiago que se celebra el
25 de julio.

Excursiones: Las Agencias de Viaje de Santiago organizan
en los meses de julio, agosto y setiembre excursiones de un
día de duración a las Rías Bajas, a las Rías Altas y a la Costa
de la muerte – Finisterre – en autocar y acompañadas por
un guía oficial.
*Informes sobre horarios y precios: en las Agencias o en la
Oficina de Turismo.*

¡Es muy fácil!

¿Cuál de estas vacaciones te gusta?

¿cuánto tiempo?	¿cuándo?	¿dónde?	¿qué necesitas?
unos días	mayo	Santander	un plano de la ciudad
un mes	agosto	Las Rías Gallegas	un plano del pueblo
quince días	junio	Lugo	un mapa de la región
cinco días	setiembre	Orense	una lista de hoteles y hostales
tres semanas	julio	La Costa Verde	unos folletos sobre campings

Escoge una y luego escribe a la oficina de turismo pidiendo la información que necesitas. Aquí tienes las direcciones de las varias oficinas.

Santander: Paseo de Pereda,
Pontevedra: General Mola, 1
(información sobre las Rías Gallegas)
Lugo: Plaza de España, 27
Orense: Curros Enríquez, 1
Gijón: Marqués de San Esteban, 1
(información sobre la Costa Verde)

51

Una habitación por favor

Si necesitas una habitación en un hotel o en un hostal puedes ir a la oficina de turismo. Allí tienen una lista de hoteles que da el precio y la categoría del establecimiento. También en la oficina se pueden reservar habitaciones.

un hostal

Tienes que decir qué necesitas:

una habitación individual con baño   **una habitación doble con ducha**   **una habitación de tres camas**

para una noche   **para tres noches**

un hotel de una estrella   **un hotel de tres estrellas**   **un hostal**

Los hoteles

La oficina de turismo te manda una lista de hoteles de tres estrellas y te manda también folletos sobre varios hoteles. Es muy difícil escoger un hotel. Todos parecen muy buenos. Hay que leer los detalles atentamente y decidir cuál prefieres y por qué.

Hotel Regente ★★★

Situación:
Paseo Marítimo a 2 kilómetros del centro y 9 kilómetros del aeropuerto.

Habitaciones:
Todas con baño completo; terraza; TV; teléfono; vista directa al mar.

Complementos:
3 ascensores, piscina climatizada a 23°; restaurante; zona de juegos para niños; solarium; amplios salones y barbacoa; tenis a 250 metros, golf a 4 kilómetros.

Hotel Parque ★★★

Situacíon:
Zona tranquila a 10 minutos del centro. Rodeado por más de 5000 metros de jardines y terrazas.

Habitaciones:
El hotel consta de 103 habitaciones sencillas y dobles; todas ellas con baño completo, balcón, aire acondicionado y teléfono directo automático.

Complementos:
Entre sus servicios destacan el Restaurante donde degustar los exquisitos platos de la cocina española; bares; salones para banquetes; salón de juegos (TV, naipes, ajedrez, dominó); peluquería y garaje subterráneo.

Hotel de la Reconquista ★★★

Situación:
Céntrica. Zona tranquila y residencial. A escasos minutos de los grandes centros comerciales y oficiales.

Habitaciones:
Todas con vistas panorámicas de la ciudad; baño completo; teléfono; calefacción central y terraza.

Complementos:
Dispone de salón social; dos piscinas (una para niños); bar; restaurante; peluquería; salón de juegas; salón TV (color); jardín; parking; facilidad en la zona para deportes náuticos tenis, mini-golf, etc.

Hotel Mirador ★★★

Situación:
Se encuentra situado en el centro de la ciudad y a corta distancia del aeropuerto, la estación de ferrocarril y la estación de autobuses.

Habitaciones:
150 sencillas y dobles, todas con baño completo, teléfono, minibar, calefacción central y música ambiental. Unas con terraza y vistas al mar, las otras con terraza y vistas a la ciudad.

Complementos:
Salón TV (color); restaurante; dos piscinas exteriores y otra cubierta; mesa de ping-pong; parque infantil; sauna finlandesa y jacuzzi. Aparcamiento propio.

Prefiero éste

Estás en el norte de España con un amigo español o con una amiga española. Leéis la información sobre los hoteles y tenéis que decidir qué hotel preferís.

 Comparad los hoteles y decidid.

Ejemplo:

 ¿Cuál prefieres?

Prefiero el Hotel Parque.

¿Por qué?

Lo bueno es que tiene aire acondicionado y tiene jardines.

 Sí, de acuerdo, pero lo malo es que no tiene piscina.

 Y tú, ¿cuál prefieres?

Contestador automático

Necesitas una habitación pero es difícil. Hay fiesta y muchos hoteles están completos. Llamas por teléfono a un servicio de la oficina de turismo que da información sobre hoteles. Apunta los detalles importantes para describir los hoteles a tus padres.
¿Cuál prefieres?

En la oficina de turismo

Vas a la oficina de turismo para reservar habitaciones para la familia. Escuchas a otras personas que quieren hacer lo mismo. ¿Qué buscan? Quieren lo mismo que tú?

Tu quieres: ►

Ejemplo:

Empleado: **Buenos días.**
Hombre: **Buenos días.**
Empleado: **¿En qué puedo servirle?**
Hombre: **Necesito dos habitaciones en un hotel.**
Empleado: **Sí señor, ¿dobles o individuales?**
Hombre: **Dos dobles con cuarto de baño.**
Empleado: **Vamos a ver, ¿dos dobles con cuarto de baño?**
Hombre: **Sí.**
Empleado: **Un momentito, por favor.**

¿Tiene una habitación?

Si no hay oficina de turismo cerca o si prefieres
ver el hotel o pensión puede ir allí a preguntar.

Buenos días.

Buenos días ¿qué desea?

¿Tiene una habitación libre para esta noche?

¿Doble o individual?

Individual con baño.

Pues, sí hay.

 Túrnate con tu pareja para pedir estas habitaciones.

1

2

3

4

Sancho y Panza

Lee y escucha.

¿Y vosotros?

Escucha estas conversaciones entre grupos de amigos que se encuentran en un hotel. ¿Qué habitaciones pertenecen a cada persona?

¿Y para cuántas noches?

Túrnate con tu pareja para decir cúantas noches quiere.

Ejemplo:

Recepcionista: **Buenas tardes. ¿En qué puedo servirle?**
Cliente: **¿Tiene una habitación individual, por favor?**
Recepcionista: **¿Con baño o con ducha?**
Cliente: **Con ducha.**
Recepcionista: **¿Y para cuántas noches?**
Cliente: **Para dos noches, por favor.**
Recepcionista: **Pues sí, tenemos una.**

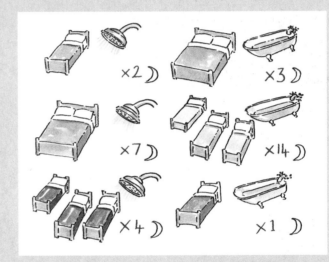

¿Están contentos?

Cuando pides una habitación a veces es fácil y otras veces más difícil. Escucha las conversaciones en la cinta, apunta lo que quieren los clientes y lo que se les ofrece.

Más ... y menos

Éstas son dos habitaciones de dos hoteles distintos. ¿Cuáles son las diferencias entre los dos hoteles? Trabaja con tu pareja a ver cuántas diferencias podéis encontrar.

Ejemplo:

Tú:	*¿Cuál es el hotel más moderno?*
Tu pareja:	*Creo que el hotel Costa Verde es más moderno.*
Tú:	*¿Cuál es el hotel menos elegante?*
Tu pareja:	*Sin duda, el hotel Santiago es menos elegante.*

¿Podéis utilizar todas estas palabras?

cómodo	caro	grande	lujoso
antiguo	hermoso	limpio	feo
barato	pequeño	incómodo	agradable
sucio	ruidoso		

Rompecabezas

El Señor X tiene una habitación individual con ducha. ¿El Señor X es A, B o C? Lee las frases y decide quién es.
- El señor C no tiene una habitación doble.
- El señor B tiene ducha.
- El señor A tiene baño.
- El señor B tiene una habitación doble.

	habitación individual	habitación doble	con baño	con ducha
A				
B				
C				

Escribe un rompecabezas para tu pareja.

Cómo se hace una reserva

Cuando hayas escogido un hotel, tienes que escribir si quieres hacer una reserva. ¿Qué es lo que tienes que escribir?

```
El Gerente
Hotel Mirador
Paseo de Ronda s/n
La Coruña
SPAIN
```

```
Hotel Mirador
Paseo de Ronda s/n
La Coruña

        Newport, 26 de abril de 1995

Muy señor mío:
Voy a estar en La Coruña a principios
de julio. ¿Me puede decir si tiene una
habitación libre para cinco noches del
10 al 15 de julio?
Quisiera reservar una habitación
individual con baño y, si es posible,
con vistas al mar.
Le ruego me confirme la reserva de la
habitación. Le ruego me mande también
una tarifa de precios y unos detalles
sobre los servicios que ofrece el
hotel.
Agradeciéndole de antemano su pronta
atención,

Le saluda atentamente,
```

¿Cuándo vas a estar?

¿Cuántos días vas a estar?
¿Cuándo vas a llegar?

¿Qué tipo de habitación quieres?

¿Qué más quieres?

57

Escribe una carta para una amiga de tus padres a uno de las hoteles en la página 52. La amiga quiere: ►

La respuesta

La amiga recibe una respuesta a su carta. Léela para saber si la reserva es correcta. Apunta la información que le va a interesar a ella.

Hotel Mirador
Paseo de Ronda s/n
La Coruña

12 de mayo de 1995

Estimada Srta:
Tenemos el gusto de acusar recibo de su carta del 26 de abril. Nos complacemos en reservarle la habitación que nos solicitó a partir del día 10 de julio. Tiene baño y vistas al mar y el importe es de 7000 pesetas por día. El desayuno está incluido.
Nuestro hotel se encuentra en el centro de la ciudad y a corta distancia del aeropuerto, de la estación de ferrocarril y de la estación de autobuses. Tiene restaurante y todas las habitaciones tienen teléfono y terraza. Además, el hotel dispone de dos ascensores, dos piscinas y un salón con televisión. Adjunto le enviamos un folleto descriptivo con un plano de localización.
Esperamos que tenga una feliz estancia en nuestra ciudad.
Atentamente,

Alfredo G Castrillón
Director

Quisiera saber ...

Los fines de semana trabajas en un hotel cerca de donde vives. A veces el hotel recibe cartas de gente española que ya saben algo del hotel y piden más información. El director del hotel sabe que tú estudias el español y siempre pide tu ayuda. Explícale, en inglés, qué quiere saber esta gente.

¿Me puede decir si se admiten animales?

Venimos en coche. ¿Tienen ustedes garaje o aparcamiento?

¿Tienen habitaciones familiares?

¿Cuánto le mando como depósito?

¿Me puede decir si la piscina está climatizada?

Les ruego me manden una tarifa de precios.

Mis abuelos son muy viejos. ¿Es posible reservar una habitación en la planta baja, o tiene el hotel ascensor?

¿Hay autobuses del aeropuerto que pasan cerca de su hotel?

Quisiera saber si hay que pagar un suplemento para una habitación con terraza.

¿Qué facilidades tiene su hotel para niños pequeños?

Mi hermano sólo tiene seis años. ¿Hay algún descuento para niños?

Tengo un folleto sobre su hotel que me mandó la oficina de turismo. Quisiera saber si hay habitaciones individuales en el hotel. No lo pone en el folleto.

No funciona, no hay

 Trabajas en un hotel y escuchas las conversaciones entre el recepcionista y los clientes. ¿Qué problemas hay y en qué habitaciones?

El ascensor no funciona.

La luz no funciona.

La cisterna del baño no funciona.

No hay jabón.

No hay agua.

No hay papel higiénico.

No hay toalla.

La llave no funciona.

Ahora sé ...

pedir más información sobre hoteles y hostales ●●●●●●●●●●●●●●●●●●●●●●●●●

Quisiera un folleto sobre el hotel y un plano del pueblo.	I would like a leaflet on the hotel and a plan of the town.
Le ruego me envíe (más) información sobre ...	Please send me (more) information on ...
Quisiera saber si hay vistas al mar.	I would like to know whether there are sea views.
Hotel Miramar: tres estrellas.	Hotel Miramar: three stars.

entender información sobre hoteles ●●●●●●●●●●●●●●●●●●●●●●●●●

Situación: céntrica, zona tranquila.	Situation: central, quiet area.
Habitaciones: balcón, vistas al mar, aire acondicionado, teléfono, calefacción central.	Rooms: balcony, sea view, air conditioning, telephone, central heating.
Complementos: salón TV, aparcamiento, zona de juegos para ninos, piscina climatizada.	Facilities: TV lounge, car parking, children's games room, heated swimming pool.

reservar habitaciones ●●●●●●●●●●●●●●●●●●●●●●●●●

Muy señor mío:	Dear Sir,
Estimado/a señor(a):	Dear Sir/Madam,
Le ruego me confirme la reserva.	I would be grateful if you could confirm the booking.
Le saluda atentamente,	Yours faithfully,
¿Tiene una habitación libre, por favor?	Have you got a room free, please?
Quisiera una habitación doble con baño.	I would like a double room with a bath.
Quiero una habitación individual con ducha.	I would like a single room with a shower.
Quiero reservar una habitación de tres camas para siete noches del 5 al 12 de mayo.	I want to reserve a room with three beds for seven nights from 5 to 12 May.
¿Para cuántas noches?	For how many nights?

resolver problemas ●●●●●●●●●●●●●●●●●●●●●●●●●

No hay jabón/papel higiénico/una toalla en mi cuarto de baño.	There isn't any soap/toilet paper/a towel in my bathroom.
La luz/la cisterna del baño/el ascensor/la llave no funciona.	The light/the toilet/the lift/the key doesn't work.

algunas palabras importantes ●●●●●●●●●●●●●●●●●●●●●●●●●

¿Cuánto?	How much?
¿Cuándo?	When?
¿Dónde?	Where?
¿Adónde?	Where (to)?
¿Cómo?	How?
¿Por qué?	Why?
¿Qué?	What?

UNIDAD 6 | *Vamos a ir de vacaciones*

E n esta unidad vas a aprender a:

Hace mucho sol en la playa.

Hoy en el norte de España buen tiempo con temperaturas máximas de 30°.

- describir el tiempo

- entender información sobre el tiempo

¿Adónde vas a ir de vacaciones?

Vamos a ir a España.

```
Hace frío.
Vamos a
visitar el _____
castillo y _____
el museo. _____
                _____
```

- hablar de las vacaciones y de tus planes

- escribir postales describiendo las vacaciones

Las estaciones del año

Aquí tienes un dibujo de las cuatro estaciones del año y el tiempo típico para cada una.

👍 ¿Tienes una buena memoria? Haz cinco preguntas a tu pareja y luego túrnate. Tu pareja cierra su libro.

Hace viento en otoño.

Hace frío en invierno.

INVIERNO
diciembre, enero, febrero, marzo

OTOÑO
noviembre, octubre, setiembre

PRIMAVERA
abril, mayo

VERANO
agosto, julio, junio

Hace sol en verano.

Llueve en primavera.

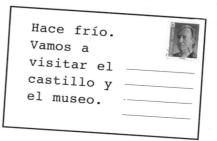

Ejemplo:

¿Qué tiempo hace en julio?

Hace sol.

Sí, ¿noviembre está en invierno?

No, está en otoño.

Bien. ¿Qué tiempo hace en primavera?

Llueve.

En el periódico

En el periódico hay dibujos para indicar el tiempo.
¿Entiendes los dibujos? Si no, pregunta a tu profesor(a).

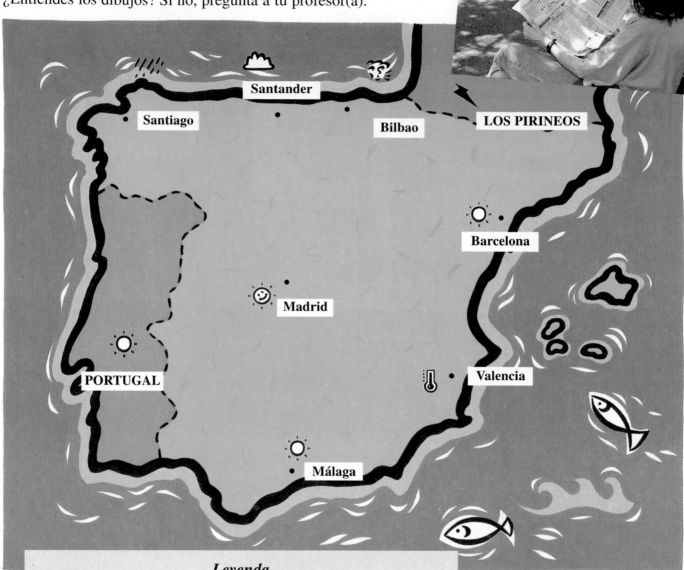

Leyenda

Hace buen tiempo	☀	Hay niebla	
Hace sol	☼	Está nublado	
Hace calor	🌡	Llueve	
Está despejado		Nieva	
Hace mal tiempo		Hay tormenta	
Hace frío		Hace viento	

Los españoles hablan del tiempo

Estás con un grupo de españoles en tu país. Por la tarde llaman a sus padres. Quieren saber qué tiempo hace en casa. Escucha sus conversaciones y decide qué tiempo te gustaría más.

El clima español

¿A ti te importa el tiempo que hace cuando estás de vacaciones?
¡Claro que sí! ¿Qué tiempo hace en España?

EN VERANO

En España en verano hace buen tiempo. En las
costas mediterráneas y en el centro hace mucho
calor y mucho sol. Llueve poco. En el norte hace sol
pero hace menos calor. A veces llueve y a veces
hay tormentas.

EN PRIMAVERA

En primavera ya no hace frío en las costas
mediterráneas. El cielo está despejado, pero algunos
días llueve. En el centro hace frío, pero empieza a
hacer sol. En Galicia y la zona cantábrica llueve
bastante. Hace frío y hace viento.

EN OTOÑO

Mira los símbolos en este mapa y describe el
tiempo que hace en España en otoño.

EN INVIERNO

Hace mal tiempo en España en invierno. En el norte
llueve mucho. Hace frío y hace viento. En los Pirineos
y en las sierras nieva. En Madrid nieva también. Hace
muchísimo frío. En el sur hace menos frío y
llueve poco.

Copia el mapa de España en tu cuaderno.
Añade los símbolos que hacen falta para
ilustrar el tiempo en invierno.

Tiempo: Pronóstico para hoy

Estás en un hotel en Santiago. Compras el periódico porque quieres saber qué dice el pronóstico. ¿Es buen día para salir, o sería mejor quedarte en el hotel? Explica tu decisión a tu pareja.

Ejemplo:

– No salgo hoy porque ...

o bien

– Voy a salir porque ...

Cantábrico

Cielo nuboso por toda la zona. Nieblas matinales y vientos flojos del Este. Máximas de 27° y mínimas de 16°.

Castilla y León

Cielo despejado en toda la zona con vientos del Sureste. Neblinas matinales. Máximas de 32° y mínimas de 12°.

Galicia

Cielo casi despejado por la mañana. Vientos flojos del este. Nieblas matinales en Orense e interior de Lugo. Temperaturas máximas de 28° y mínimas de 14°.

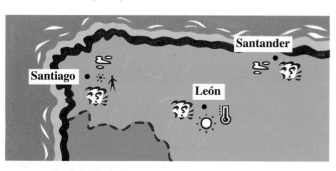

¿Puedes contestar las preguntas de estas personas?

Me llamo Pedro. Vivo en León. Voy a ir a merendar en el campo. ¿Es una buena idea?

Me llamo Paloma Martínez y vivo en Santander. Hoy mis amigos y yo vamos a ir a la playa. ¿Es una buena idea?

Hola, soy Paco. Vivo en Santiago. Voy a ir a la bolera hoy. ¿Es una buena idea?

Me llamo Ignacio y vivo en Santiago. Voy a ir de excursión en barco. ¿Es una buena idea?

Me llamo Angela. Vivo cerca de Santander. Voy a hacer windsurfing. Me gusta el viento. ¿Es una buena idea?

Me llamo Nuria. Voy a hacer alpinismo con mi amigo. Voy a las montañas cerca de León. ¿Es una buena idea?

Radio Nacional de España

Escucha el pronóstico de Radio Nacional de España. Pasas unos días con la familia de tu corresponsal en Santander. ¿Hoy es un buen día para ir a la playa o para estar en casa? ¿Por qué?

Depende del tiempo

Estás en casa de tu corresponsal. ¿Qué vais a hacer si hace sol? ¿Qué vais a hacer si llueve? Mira el tiempo y túrnate con tu pareja (tu corresponsal) para decir el tiempo y sugerir una actividad de la lista que ha hecho tu corresponsal.

Ejemplo:

¿Qué tiempo hace?

Hay tormenta y llueve.

¿Qué vamos a hacer hoy?

¿Vamos a ir al cine?

No, no me gusta mucho. ¿Vamos a escuchar música en casa?

Muy bien. Vamos a escuchar música.

¿Qué te gusta hacer?

Escucha a estos jóvenes hablando de lo que les gusta hacer en las diferentes estaciones; a ver cuánto tienes de común con ellos.

   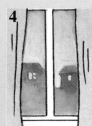  

hacer alpinismo	visitar el parque de atracciones	estudiar
jugar al tenis	ver la televisión	merendar
ir al cine	esquiar	ir de excursión
bailar en la discoteca	escuchar discos en casa	patinar
ir a la playa	hacer windsurfing	ir a la bolera

Una visita a España

¿Qué vas a hacer? Durante un intercambio en España tienes dos posibilidades cada día. Escoge una actividad para cada día.

Voy a merendar en el campo el martes.

Voy a hacer el windsurfing el sábado.

Voy a ir de excursión el domingo.

No voy a ir a clase el lunes.

Voy a patinar el domingo.

Horario para el intercambio

LUNES:
ir a clase en el colegio
visitar el polideportivo

MARTES:
merendar en el campo
jugar al tenis

MIÉRCOLES:
ir a la playa y tomar el sol
ir a un mercado

JUEVES:
visitar el parque de atracciones
ir a una discoteca

VIERNES:
comprar recuerdos
jugar al baloncesto

SÁBADO:
jugar al minigolf
hacer windsurfing

DOMINGO:
ir de excursión
patinar

 Decide qué vas a hacer y compara tus decisiones con tu pareja.

Ejemplo:

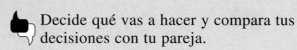

¿Qué vas a hacer el lunes?

Voy a visitar el polideportivo.

Yo también. ¿Y el martes?

Voy a merendar en el campo.

Yo voy a jugar al tenis.

De acuerdo

 Estás con unos amigos españoles. Están discutiendo lo que van a hacer. ¿Qué deciden en cada caso? Apunta adónde van, qué día y a qué hora. Luego toma una decisión – ¿vas a ir con ellos? ¿Por qué? ¿Por qué no?

¿Qué va a hacer?

Mira las fotos tomadas desde un ángulo extraño.
¿Qué va a hacer cada persona?

Ejemplo:

José va a esquiar.

Salomé

José

Angel

Olivia

Mariá

Arturo

Ana

Sancho y Panza

Lee y escucha.

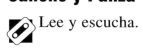

¿Cómo te diviertes de vacaciones?

Leyenda

Deportes acuáticos	
Playas	
Catedrales	
Parques nacionales	
Esquí	
Ruinas románicas	

¿Qué te gusta hacer cuando estás de vacaciones?

¿Te gusta esquiar?
Puedes ir a Suiza, Austria, Francia, Alemania or Italia.

¿Te gusta tomar el sol en la playa?
Puedes ir a Italia, Portugal, Grecia o al sur de Francia.

¿Te gusta la historia? ¿visitar catedrales, castillos, palacios, monumentos?
Entonces, puedes ir a Italia, Austria, Grecia, Francia o Portugal.

¿Te gustan los deportes acuáticos?
Puedes ir a los Estados Unidos, o a los países de la Costa Mediterránea: Grecia, Italia y Francia.

¿Te gusta el campo y la montaña?
¿Te gusta estar al aire libre?
Puedes ir a Escocia, o a Escandinavia: Noruega, Dinamarca, Suecia o Finlandia.

Pero, ¿por qué? ¡España tiene de todo!

Tu pareja ya tiene sus proyectos para sus vacaciones. Convéncele que España tiene todo lo que busca. Mira el mapa.

Ejemplo:

Me gusta esquiar. Voy a ir a Suiza.

Sí, pero en España se puede practicar el esquí. ¿Por qué no vas a España?

¿Dónde se puede esquiar en España?

Aquí, por ejemplo, en los Pirineos.

Vale.

¿Qué país es?

Aquí tienes el nombre de diez países.
Pon las letras en orden para saber cuáles son.
¿Puedes identificar el país por su silueta?

Ejemplo: 1 Grecia

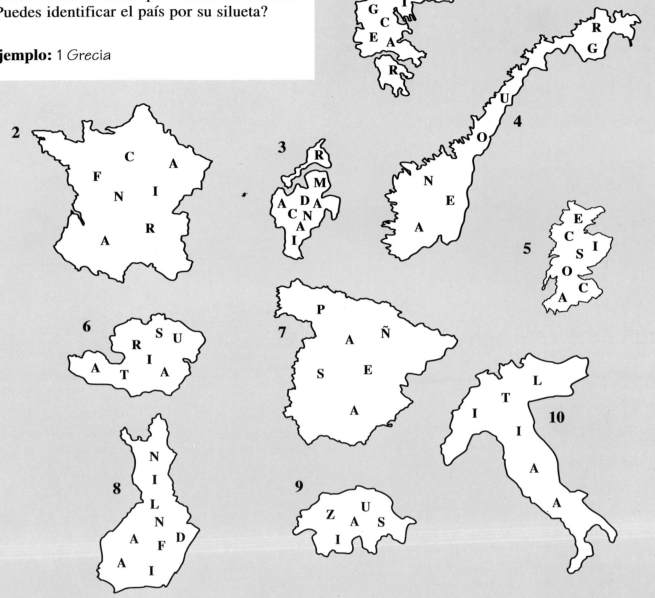

Escribe dos o tres
frases sobre cada país.

Ejemplo:

Italia está en el sur de Europa. Hace buen tiempo en Italia en verano. Hay playas, deportes acuáticos, catedrales y ruinas romáricas. Se puede esquiar en las montañas.

¿Cómo viajar?

¿Prefieres ir en avión o en barco?
¿en taxi o en autobús?
¿en autocar o en tren?
¿en coche, andando o en metro?
Depende del viaje, ¿no?

Hablas con unos españoles que están en tu país y que van a hacer un viaje y necesitan tu ayuda. Discute el viaje con ellos.

Vamos a ir a París. Sólo tenemos cuatro días libres.

Ejemplo:

Vais a ir en avión, ¿no?

Vamos a ir en tren.

¿Por qué?

El avión es más caro.

Y más rápido.

De acuerdo, pero vamos a dormir en el tren.

1 Tenemos que ir a la estación. Hace buen tiempo y no sé si vamos a ir andando.

3 Vamos a visitar los monumentos en la capital. ¿Es difícil?

4 Vamos a ir al aeropuerto más cerca a encontrar a unos amigos.

2 Vamos a volver a España en primavera. Vamos a Santander.

Aquí hay unas frases para ayudarte:

Los trenes son muy sucios. A mí no me gusta ir en tren.
Es más rápido ir en metro.
Los aviones son más cómodos que los barcos.
Es más cómodo ir en coche que en autobús.
Es mejor ir en tren porque el tren es menos caro.
Es más interesante ir en autocar.
Prefiero ir andando.
El autobús es menos caro que el taxi, claro.

5 Vamos a ir al centro a ir de compras pero llueve.

6 Nos gustaría ir al cine.

Una encuesta

AGENCIA DE VIAJES CANTÁBRICA
PLAZA DE LAS ESTACIONES SANTANDER
Márquese con una cruz lo que proceda

DESTINO PREFERIDO
- ☐ España ☐ Europa ☐ América Latina
- ☐ Estados Unidos ☒ Escandinavia ☐ Oriente

FACTORES DETERMINANTES EN SU SELECCIÓN DE DESTINO
- ☒ Precio ☐ Mar ☒ Campo
- ☒ Clima ☐ Montaña ☐ Interés histórico
- ☐ Gastronomía ☐ Cultura

DURACIÓN PREFERIDA
- ☐ Menos de una semana ☐ 15 días ☐ 1 mes
- ☐ 1 semana ☒ 3 semanas ☐ Más de un mes

ALOJAMIENTOS PREFERIDOS
- ☐ Hotel ☒ Albergue juvenil ☐ Apartamento
- ☐ Hostal ☒ Camping ☐ Chalet

MEDIOS DE TRANSPORTE PREFERIDOS
- ☒ Avión ☐ Autocar ☐ Barco ☐ Tren ☐ Coche

Apellido *Puente*   Nombre *Miguel*

Estado Civil *Soltero*   Edad *15*

Domicilio *C/Canton 24, Santillana*   ¿Adónde fue de vacaciones el año pasado? *Andorra*

Firma *Miguel Puente*   Fecha *3 de noviembre*

La agencia de Viajes Cantábrica quiere saber qué tipo de vacaciones les interesan a los jóvenes. Por eso decide realizar una encuesta a unos jóvenes de la ciudad. Arriba está la ficha de Miguel.

Los resultados de la encuesta están aquí:

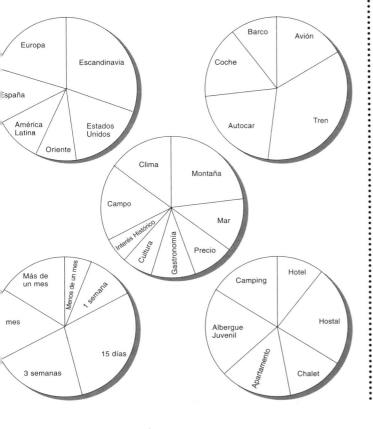

Informe sobre las vacaciones de un grupo de jóvenes de unos 15 años

A la mayoría de los jóvenes les gustaría pasar sus vacaciones en Escandinavia. Son muy populares también Europa y los Estados Unidos. Prefieren ir a las montañas y son importantes el campo, el clima y el precio. No les importa la gastronomía y no les interesa la cultura ni la historia. Prefieren vivir en un albergue juvenil o un hostal, y pasar 15 días o 3 semanas de vacaciones. Prefieren viajar en tren o en autocar.

A la Agencia Cantábrica les interesa también saber las opiniones de los jóvenes de otros países. Haz una encuesta entre tus compañeros de clase. La agencia quiere saber sobre todo:

- ¿Cuál es tu destino preferido?
- ¿Qué te importa cuando vas de vacaciones?
- ¿Qué no te importa o no te interesa?
- ¿Dónde prefieres vivir cuando estás de vacaciones?¿Cuánto tiempo te gusta pasar de vacaciones?
- ¿Cómo prefieres viajar?

Después de hacer la encuesta, escribe un pequeño informe como el que está arriba.

Saludos

Durante las vacaciones es muy agradable mandar postales a tus amigos y recibir las que te mandan a ti.

Recibes tres postales de amigos españoles. Tus padres quieren saber dónde están, qué tiempo hace, cuánto tiempo pasan allí, dónde se quedan (hotel, por ejemplo) y con quién están. Apunta la información y también qué van a hacer.

Segovia, domingo

Estoy aquí en Segovia con mis amigos de colegio. Estamos en un albergue juvenil cerca del centro. El lunes vamos a visitar la catedral y el acueducto y el martes voy a esquiar por primera vez en las montañas. Hace buen tiempo aquí pero en las montañas - ¡mucho frío! Un saludo,

Joaquín

Sandi Day
23B High Road
Stockport
Inglaterra

Alicante, miércoles

Hola. Estamos en un hotel en Alicante. Vamos a pasar quince días aquí. Hace mucho calor. Voy a ir de excursión en autocar mañana con mis padres. Vamos a merendar y visitar Denia por la tarde. Abrazos

Miguelín

Sandi Day
23B High Road
Stockport
Inglaterra

Mira ahora la información abajo. Imagina que tú estás de vacaciones en uno de estos sitios. Escribe una de las postales a un amigo o a una amiga.

Díle dónde estás, cuánto tiempo pasas allí, dónde te alojas y con quién estás. Describe el tiempo que hace, qué haces y qué vas a hacer.

Barcelona, viernes

Aquí en Barcelona hay mucho que hacer. Mi hermana y yo estamos en el piso de mi abuela. No hace buen tiempo pero vamos por la ciudad en taxi y en metro - es muy rápido. Mañana vamos a ir a Ibiza en barco. El ferry sale a las once de la noche. Un abrazo muy fuerte

Ana

Sandi Day
23B High Road
Stockport
Inglaterra

Las Palmas: capital de Gran Canaria, importante centro turístico: deportes acuáticos, hoteles, discotecas y bares, excursiones a las otras islas: Tenerife, Lanzarote y Fuerteventura.

Fuente Dé: estación de esquí en los Picos de Europa. Situada no muy lejos de Santander y pueblos históricos como Santillana y las cuevas de Altamira.

¿Vas de vacaciones?

Estás con unos amigos españoles. Están hablando de sus planes para las vacaciones de verano. Escucha lo que dicen. ¿Con quién te gustaría ir?

Las vacaciones de tus sueños

En la televisión española hay una competición para jóvenes. Hay que imaginar unas vacaciones ideales, unas vacaciones de los sueños. Imagina estas vacaciones y prepara una descripción completa que tienes que escribir o grabar.

Tienes que decir:
- adónde vas a ir
- con quién vas a ir
- cómo vas a ir
- cuánto tiempo vas a estar
- qué vas a hacer.

73

Ahora sé ...

describir el tiempo ●

En primavera hace viento y llueve mucho.	In spring it is windy and rains a lot.
En verano hace sol y mucho calor en el sur de España.	In summer it is sunny and very hot in the south of Spain
Hay niebla y hay tormentas en otoño.	There is fog and there are storms in autumn.
Hoy hace buen tiempo.	Today the weather is fine.
Mañana va a hacer mal tiempo.	Tomorrow the weather will be bad.
El cielo está despejado.	The sky is clear.
El cielo está nublado.	The sky is cloudy.

entender el pronóstico ●

Temperaturas máximas de 30° y mínimas de 12°.	Maximum temperatures of 30° and minimum temperatures of 12°.
Vientos del Este. Nieblas matinales.	Winds from the East. Morning fog.

hablar de las vacaciones ●

Voy a ir a Suiza en coche.	I am going to go to Switzerland by car.
Vamos a esquiar y a patinar.	We are going to ski and skate.
Vas a merendar en el campo esta tarde.	You are going for a picnic in the country this afternoon.
Prefiero ir en avión y no en barco.	I prefer to go by plane and not by boat.
Vamos a estar en un albergue juvenil.	We are going to stay in a youth hostel.
Me gusta ir en autocar.	I like going by coach.
Esta mañana vamos a visitar un museo.	This morning we are going to visit a museum.
Van a ir en autobús/metro/tren.	They are going to go by bus/underground/train.
Prefiero ir andando.	I prefer to walk.
Va a ir a Suecia y a Noruega.	She is going to go to Sweden and Norway.
¿Vais a ir a la bolera?	Are you going to go to the bowling alley?
Mi hermano va a pasar una semana aquí. Va a hacer windsurfing.	My brother is going to spend a week here. He is going to go windsurfing.

En esta unidad vas a aprender a:

Fui a Portugal con mi familia.

Pasamos tres semanas en un hotel.

Fui de excursión a Galicia. Visité la catedral de Santiago.

- decir adónde fuiste y con quién

- decir dónde pasaste las vacaciones y cuánto tiempo pasaste

- entender información de otros

- describir qué hiciste

lunes, Santiago

¡Hola! Ayer fui de excursión a la costa. Tomé el sol en la playa. Me gustó mucho.

Paco

Unas fotos de las vacaciones

Una amiga española te enseña las fotos que sacó de sus vacaciones. Lee la información que te da.

Pasé las vacaciones en un hotel. Nadé mucho en la piscina del hotel. No me bañé en el mar.

Visité un pueblo pesquero y comí en un restaurante muy bueno.

Fui a las montañas y merendé con mis amigos.

Por la tarde bailé en la discoteca.

Escribí muchas postales a mis amigos.

 Escucha lo que dice tu amiga. ¿Qué más información te da?

setenta y cinco

75

¿Qué hiciste ayer?

Mira estos doce dibujos de actividades típicas. Trabaja con tu pareja. Escribe tres números y tu pareja te pregunta si hiciste la actividad. Cuando identifica una, gana.

Ejemplo:

Ayer ¿compraste un plano de Santander?

No, no compré un plano.

¿Sacaste fotos? Sí.

Muy bien. Te toca a ti.

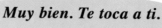

Aquí las preguntas:

- ¿Sacaste fotos?
- ¿Comiste helados?
- ¿Compraste un plano de Santander?
- ¿Tomaste el sol?
- ¿Fuiste de excursión?
- ¿Charlaste con amigos?
- ¿Aprendiste a hacer windsurfing?
- ¿Te bañaste?
- ¿Cenaste en un restaurante?
- ¿Bailaste en una discoteca?
- ¿Escribiste postales?
- ¿Bebiste Coca-Cola?

Usando los dibujos, túrnate con tu pareja para describir unas vacaciones imaginarias. Intenta usar todas las frases.

Ejemplo:

Durante mis vacaciones fui de excursión a la playa ...

Tomé el sol y me bañé en el agua ...

Puedes grabar la descripción.

¿Qué tal tus vacaciones?

Paul recibió una carta de Miguel en que habla
de sus vacaciones en Madrid y en Galicia.
Lee su carta. ¿Le gustó más Madrid o Galicia?
¿Por qué? Haz una lista de las razones.

Madrid

6 de setiembre

¡Hola!

¿Qué tal tus vacaciones? Yo pasé dos semanas con mi hermana en Madrid y luego dos en un pueblo que se llama
Cambados en Galicia. ¡Qué contraste entre los dos!
Primero fui a Madrid en tren. Pasé quince días en casa de mi
hermana. Lo pasé muy bien allí. Salí mucho con ella y con sus
amigas. Fuimos al cine, al teatro, a los bares. Cenamos en
restaurantes y charlamos mucho. Durante el día visité los
museos y parques que hay en la capital. Hizo sol todo el tiempo
y me gustó todo.
Después fui a Cambados con mi amigo Manolo. Fuimos en
autocar, un viaje que duró ocho horas. Llegamos a Cambados a
las doce de la noche muy cansados. Decidí aprender a hacer
windsurfing. Manolo me acompañó y tuvo un accidente. Fue al
hospital y volvió con sus padres a casa.
Pasé mucho tiempo solo. Visité el pueblo y el puerto pero no
hay mucho que hacer allí. Por la noche cené temprano en un
bar y me acosté a las once.
Bueno, escribe pronto y cuéntame algo de tus vacaciones.
Un abrazo,

Miguel

Cambados

El fin de semana

Cada semana tenemos dos días de vacaciones;
el sábado y el domingo.
A un grupo de jóvenes españoles se les
preguntó:

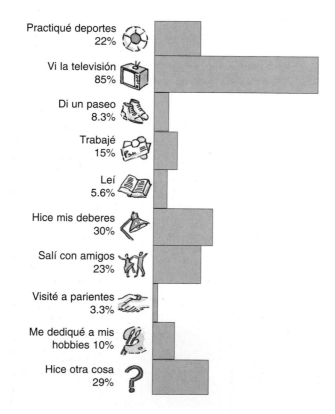

*¿Qué hiciste el fin de
semana pasado?*

Aquí tienes lo que contestaron:

Practiqué deportes 22%
Vi la televisión 85%
Di un paseo 8.3%
Trabajé 15%
Leí 5.6%
Hice mis deberes 30%
Salí con amigos 23%
Visité a parientes 3.3%
Me dediqué a mis hobbies 10%
Hice otra cosa 29%

Escucha ahora a unos jóvenes españoles
que contestan esta misma pregunta:
'¿Qué hiciste el fin de semana pasado?'

Apunta lo que hizo cada uno. ¿Quién pasó el
fin de semana más similar a tu fin de semana?
¿Cuáles te parecen personas interesantes con
quiénes hablar? ¿Por qué?

Ahora habla con tu pareja sobre el fin de
semana pasado. Pero primero mira los
ejemplos. ¿Quieres ser interesante o no?
Haz un diálogo como el segundo ejemplo con
muchos detalles.

Ejemplo:

1

*¿Qué hiciste el fin de
semana pasado?*

Salí.

¿Adónde fuiste?

Al cine.

¿Algo más?

No.

2

*¿Qué hiciste el fin de semana
pasado?*

*Bueno, el sábado por la
mañana fui de compras con mi hermana.
Por la tarde fui a casa de una amiga.
Escuchamos discos y
vimos un vídeo.*

¿Y por la noche?

*Fui al cine. Vi una película
muy buena.*

¿Fuiste solo/a?

No, con mis padres.

¿Qué día fue más interesante para ti, el sábado o
el domingo? ¿Por qué? ¿Están de acuerdo tus
compañeros de clase?

*Me gustó más el sábado
porque visité la capital.*

Unas vacaciones ideales

¿Tienes buena imaginación? Mira esta foto e imagina que la sacaste cuando fuiste de vacaciones el año pasado.

- ¿Adónde fuiste?
- ¿Qué hiciste?
- ¿Dónde pasaste las vacaciones?
- ¿Qué tal lo pasaste?
- ¿Cuánto tiempo pasaste allí?

Describe tus vacaciones con mucha imaginación.

Haz una entrevista con alguien de tu clase que no conoces bien sobre sus vacaciones. Si prefieres, las respuestas pueden ser de las vacaciones imaginarias. Descubre diez detalles, apunta la información y describe estas vacaciones sin errores.

Sancho y Panza

Lee y escucha. ¿Hay una diferencia entre la postal de Panza a Ana y lo que dice Panza a Sancho?

¿Puedes escribir otra versión de la historia cambiando los detalles?

España: todo bajo el sol

¡Los españoles también van de vacaciones!
Unos 20 millones de ellos toman sus vacaciones
cada año, y cada año el Gabinete de
Investigación Turística realiza una encuesta
nacional.

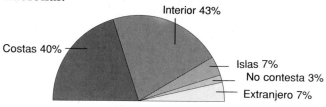

Interior 43%
Costas 40%
Islas 7%
No contesta 3%
Extranjero 7%

Destino de vacaciones

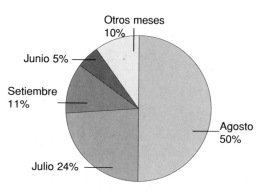

Otros meses 10%
Junio 5%
Setiembre 11%
Julio 24%
Agosto 50%

Mes elegido para las vacaciones: en %

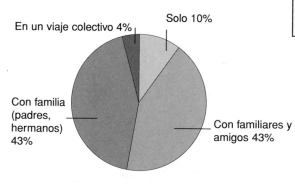

En un viaje colectivo 4%
Solo 10%
Con familia (padres, hermanos) 43%
Con familiares y amigos 43%

¿Con quién fueron de vacaciones

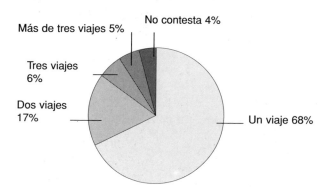

Más de tres viajes 5%
No contesta 4%
Tres viajes 6%
Dos viajes 17%
Un viaje 68%

Número de viajes que realizaron durante las vacaciones

Medio de transporte utilizado: en %

Coche propio 63
Tren 15
Autocar 13
Avión 7
Barco 2

Pasaron las vacaciones en

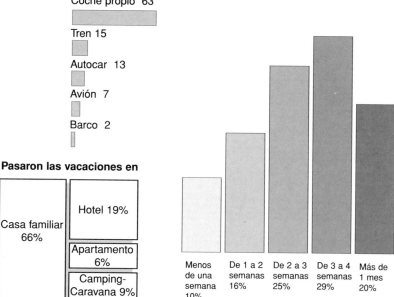

Casa familiar 66%
Hotel 19%
Apartamento 6%
Camping-Caravana 9%

Menos de una semana 10%
De 1 a 2 semanas 16%
De 2 a 3 semanas 25%
De 3 a 4 semanas 29%
Más de 1 mes 20%

Duración de las vacaciones

¿Verdad o mentira?

El año pasado, ¿cómo pasó sus vacaciones el
turista español típico?
Lee la información sobre el turista español típico
y decide si estas frases son verdad o mentira.

Ejemplo:

Fue de vacaciones en coche = verdad
Pasó las vacaciones en un camping = mentira

1 Fue de vacaciones en autocar.
2 Pasó las vacaciones en un camping.
3 Realizó más de tres viajes.
4 Sus vacaciones duraron ocho días.
5 Pasó sus vacaciones en la costa o en el interior.
6 Fue solo.
7 Fue de vacaciones en el mes de setiembre.

¿Son típicos o no?

Estos jóvenes hablan de sus vacaciones. ¿Son típicos o no?

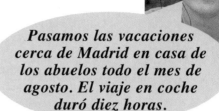

Fui con mi familia a la Costa Brava. Fuimos en coche y pasamos dos semanas en casa de mis tíos. Fuimos en agosto y lo pasamos muy bien – sol casi todos los días.

Pasamos las vacaciones cerca de Madrid en casa de los abuelos todo el mes de agosto. El viaje en coche duró diez horas.

Fui a Ibiza en julio. Me alojé en un hotel muy grande con vistas al mar. Lo pasé muy bien solo. Pasé una semana allí y me gustó mucho.

Fui al extranjero a Inglaterra a estudiar inglés. Pasé seis semanas en Brighton en una escuela. Me alojé en un colegio privado. Fui en avión a Londres y en autocar a la costa sur.

muy típico

poco típico

Ahora escucha a estos españoles. ¿Son típicos? Apunta los detalles para ponerlos en orden. ►

81

¿Cómo es el turista típico en tu país?

Haz una encuesta entre tus compañeros de clase. ¿Cuáles son las preguntas que tienes que hacer?

¿Qué tal fue?

A menudo los hoteles y las oficinas de turismo tienen folletos sobre varias excursiones.
¿Cuál de éstas te gustaría más?

Viajes Ignacio

Costa Esmeralda
Miércoles y viernes
Recogida: en su hotel
Salida: a las ocho
Desayuno: de café/chocolate con churros en La Robla
Mañana: pueblos marineros típicos
Comida: hotel 3 estrellas; platos típicos más vino o sangría
Precio: 7.500 ptas

Viajes Arrebal

Viaje a Oviedo al partido de fútbol Oviedo–Santander 24 abril
Salida: autocar Plaza Mayor 08.00H
Desayuno: en San Vicente
Comida: en el restaurante La Cuadra, Oviedo
Tarde: libre
Salida: de Oviedo 22.00H
Llegada: Santander 01.00H
Precio: 12.000 ptas (entrada incluida)

Autocares Hernández

Días de esquí
Sábados y domingos
Recogida: en su hotel
Transporte: autocar lujo
Desayuno y comida y dos horas de clase
Se puede alquilar botas, esquís y bastones
Precio especial: 8.000 ptas

Hiciste una excursión. Ahora escribe una carta a un amigo o a una amiga, diciendo adónde fuiste, qué hiciste, etcétera.
Mira un ejemplo:

miércoles

¡Hola! Estoy en Santander de vacaciones. Ayer, martes, fui de excursión en autocar a Castro Urdiales y a Laredo. Salimos del hotel a las once y fuimos a Castro Urdiales. Es un pueblo muy antiguo y muy bonito. Visité la iglesia y di un paseo. Comí en un restaurante en el pueblo pesquero. Por la tarde fuimos a Laredo, un pueblo turístico. Tomé el sol en la playa. Salimos de Laredo a las ocho y volvimos a las nueve y media. Lo pasé muy bien.

Viajes Cantábricos Costa Cantábrica

Martes y jueves
Recogida: hotel
Salida: 11.00H
Comida: Castro Urdiales puerto pesquero
Tarde: Laredo playa
Salida: 20.00H
Llegada: 21.30H

El álbum de fotos

Aquí tienes tres cartas que describen las vacaciones de tres españoles.
¿Cuál de las fotos abajo no acompañó a ninguna de estas cartas?

Angel

Emilio

El mes pasado mi amigo Angel fue con
la familia a pasar ocho días en Cambados, un puerto
pesquero en Galicia. Fueron a un hostal. Aprendieron
a hacer windsurfing. Un día fueron de excursión a
Tuy, donde comieron en un restaurante muy típico.

Este año mi hermano mayor
Emilio fue de vacaciones a
Málaga. Pasó dos semanas
en un apartamento cerca de la
playa. Bajó a la playa casi
todos los días; se bañó, des-
cansó y algunas veces jugó al
voleibol con sus amigos. Lo pasó
muy bien.

Susana

Durante el mes de agosto mi hermana
Susana fue de vacaciones con unos amigos.
A mi hermana le gusta estar al aire libre,
así que hicieron camping en las montañas pero
algunos días pasaron la noche en un albergue juvenil.

Imagina que una de las personas en la foto que has escogido
es amigo tuyo o amiga tuya. Cuenta algo de sus vacaciones
para incluir en una carta a tu corresponsal.

Nos quedamos en casa

Desde luego, no todos los españoles van de vacaciones. Muchos de ellos se quedan en casa. ¿Se aburren o se divierten? Escucha a estos jóvenes que explican cómo pasaron sus vacaciones en casa. ¿Se aburrieron o se divirtieron?

¡Me divierto!

Me aburro.

Y ayer, ¿qué tal fue?

Tu corresponsal te escribe así:

Mis compañeros de clase se interesan por saber cómo es la vida de un estudiante inglés, y no sé qué decirles. ¿Me puedes decir por ejemplo qué hiciste ayer? Yo te mando una lista de todo lo que hice ayer. ¿Puedes hacer lo mismo para mí?

Escribe tu horario y compáralo con el horario de tu corresponsal. ¿Son similares?

06.45 Me desperté con dificultad y después de unos minutos me levanté. Fui al cuarto de baño donde me duché y me lavé los dientes. Me vestí y bajé a la cocina.

07.30 Desayuné bastante rápido, tomé leche y una tostada.

07.45 Salí de casa corriendo porque la primera clase empieza a las ocho. Llegué con el tiempo justo.

10.50 Por fin el recreo. Fui a dar un paseo con mi amigo Manolo.

14.00 La hora de comer. Volví a casa y comimos todos juntos, mis padres, mis dos hermanos y yo. Vimos la tele durante la comida y después mi madre lavó los platos y yo hice algunos deberes.

16.00 Volví al colegio donde pasé otras dos horas. Una clase de matemáticas y otra de lengua. ¡Horroroso!

18.00 Volví a casa muy cansado, pero tuve que hacer mis deberes. Estudié dos horas y luego fui a dar un paseo.

21.30 Cené y decidí acostarme.

Ahora sé ...

describir adónde fui ●

¿Adónde fuiste?	Where did you go?
Fui a Benidorm.	I went to Benidorm.
Fuimos a casa de Montse.	We went to Montse's house.
Fui a la playa con un grupo de amigos.	I went to the beach with a group of friends.

decir dónde pasé las vacaciones y cuánto tiempo pasé allí ● ● ● ● ● ● ● ● ● ● ● ● ●

¿Dónde pasaste las vacaciones?	Where did you spend the holidays?
Pasé dos semanas en un hotel.	I spent two weeks in a hotel.
Pasamos un mes en un hostal.	We spent a month in a guest house.
Hice camping.	I went camping.

decir qué hice ●

¿Qué hiciste?	What did you do?
Me bañé, tomé el sol y di un paseo.	I went for a swim, I sunbathed and went for a walk.
Aprendí a esquiar.	I learnt to ski.
Visitamos pueblos pesqueros.	We visited fishing villages.
Comimos en restaurantes y charlamos mucho.	We ate in restaurants and chatted a lot.
El fin de semana pasado visité a un amigo.	Last weekend I visited a friend.
Lo pasé muy mal. Vi una película muy mala.	I had a bad time. I saw a bad film.

describir las vacaciones de otros ●

Mi hermano fue a Italia.	My brother went to Italy.
Pasó las vacaciones en un albergue juvenil.	She spent the holidays in a youth hostel.
Sacaron muchas fotos.	They took a lot of photos.
Lo pasó muy bien. Cenó en restaurantes y bailó mucho.	He had a good time. He ate in restaurants and danced a lot.
Sus vacaciones duraron tres semanas.	Their holidays lasted three weeks.
Fueron al extranjero.	They went abroad.
Fueron de excursión ayer.	They went on a trip yesterday.
Lo pasaron muy bien.	They had a good time.
Mi amiga pasó todos los días en el apartamento.	My friend spent every day in the flat.
Llovió mucho.	It rained a lot.
Hizo muy buen tiempo.	The weather was very good.

85

En esta unidad vas a aprender a:

Al tenis juego mal pero me gusta bastante. ¿Te gusta?

Me encanta el ajedrez.

¿Qué te gustaría hacer?

¿Vamos a dar un paseo?

- entender a españoles que hablan de sus pasatiempos y que te hacen preguntas

- describir lo que te interesa y cómo pasas tu tiempo libre

- decidir con un español adónde vais a ir y qué vais a hacer

¿Cuándo y cuánto?

Si escribes a tu corresponsal o si hablas de tus pasatiempos necesitas estas palabras y expresiones. Tienes que decir:

CUANDO VAS

a veces

Juego al badminton a veces.

Juego al beisbol a menudo.

a menudo

siempre

¡Juego siempre al fútbol!

SI TE INTERESA MUCHO

me encanta

Me encanta nadar.

Me gustaría mucho ir al circo.

me gustaría mucho

me gusta bastante

Me gusta bastante ir al club para jóvenes.

Contesta las preguntas y compara las respuestas con tu pareja. ¿Tienes muchas cosas en común?

- ¿Cuándo juegas al fútbol?
- ¿Cuándo practicas la natación?
- ¿Cuándo vas al parque?
- ¿Te interesa ir al cine?
- ¿Te interesa escuchar música?

- ¿Te interesa ir al teatro?
- ¿Te interesa jugar al tenis?
- ¿Vas a la discoteca los fines de semana?
- ¿Vas a salir con amigos?
- ¿Vas a ver la televisión?

El juego de sí o no

 Haz preguntas a tu pareja. Tu pareja contesta pero sin sí o no. Túrnate para practicar. ¿Quién puede hablar un minuto sin usar sí o no?

Ejemplo:

¿Te gusta el fútbol?

Me encanta.

¿Juegas mucho? ¿A menudo?

Sí ... ¡ay!

Por supuesto prepara bien las preguntas.

Aquí tienes unas preguntas:

¿Te interesa estudiar?

¿Vas a dar un paseo el sábado?

¿Te gustaría ir al cine esta tarde?

¿Vas mucho a la playa?

¿Te gusta nadar?

¿Vas de vacaciones a España?

 Ahora escucha a dos alumnos españoles que hacen lo mismo. ¿Lo hacen bien o mal?

87

Sancho y Panza

 Lee y escucha.

VOY A SER MARINERO

PERO NO SABES NADAR.

NO SÉ NADAR PERO ¿NO HAY BARCOS?

SIEMPRE LO MISMO. ES TONTO.

Contra-reloj

¿Cuántas frases correctas puedes escribir en diez minutos? Puedes usar las palabras más de una vez.

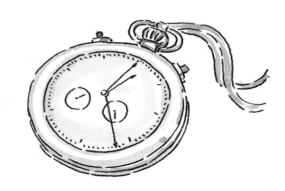

Ejemplo:

A veces voy a la pista de hielo.

		de paseo	
	puedo	ver el partido	
	juego	jugar al badminton	
A veces	me gusta	a la pista de hielo	los fines de semana
A menudo	sé	a la bolera	en mi tiempo libre
Muchas veces	me encanta	jugar al ajedrez	durante las vacaciones
Por supuesto	me gustaría	al beisbol	todos los días
Siempre	me interesa	al circo	por la tarde
	practico	el billar	por la mañana
	voy	la natación	
		jugar a los bolos	

 Escucha primero a un alumno español que hace el ejercicio. ¿Es cómo tú?

la bolera

la pista de hielo

Una carta de Joanne

Joanne invitó a Luisa a pasar unas semanas en su casa durante el verano. Cuando recibe su carta los padres hacen preguntas a Luisa:

- ¿Qué le interesa ver?
- ¿Le gustan los deportes?
- ¿Le gusta estar en la playa?
- ¿Adónde va por la tarde?
- ¿Cuándo va a llegar?

Trabaja con tu pareja para hacer el papel del padre o de la madre de Luisa. Tu pareja hace el papel de Luisa.

Newport, 6 de mayo

Querida Luisa,

Muchas gracias por tu carta del dos de abril y por tu invitación para pasar las dos primeras semanas de agosto en tu casa. Me gustaría mucho ir. No hay problema; ciertamente puedo llegar el sábado dos de agosto. Pienso a menudo en esta visita a España. ¡Los días pasan tan lentamente!

Me preguntas qué me gustaría hacer durante mi visita; pues me interesa ver tu casa y tu ciudad y conocer a tu familia. Me gustan mucho los deportes, sobre todo la natación. Me gusta más porque vivo cerca del mar y me encanta estar en la playa. ¿Hay playas cerca de tu ciudad? ¿Sabes nadar? También me gusta jugar al tenis, pero juego mal.

A veces voy a la discoteca (una o dos veces al mes) pero de momento prefiero no ir porque necesito mi dinero para ir a España.

Voy a llegar en avión al aeropuerto de Santander, probablemente por la tarde. ¿Puedes encontrarme allí? Ya tienes una foto mía.

Bueno, eso es todo por ahora. Escríbeme pronto.

Cariñosamente,
Joanne

89

Tengo otro amigo ...

Tu corresponsal te ha pedido detalles de otros chicos de tu clase
porque varios amigos buscan corresponsales ingleses. Aquí está
lo que tú escribiste en español:

Nombre: Derek

Apellido: King

Actividad preferida: fútbol

Otros intereses: deportes, gimnasia

Música que me gusta: reggae

Estudios preferidos: arte, deportes

Nombre: Richard

Apellido: Williams

Actividad preferida: pesca

Otros intereses: baloncesto

Música que me gusta: rock

Estudios preferidos: música, arte

Nombre: Helen

Apellido: Edwards

Actividad preferida: leer

Otros intereses: cine, viajar

Música que me gusta: clásica

Estudios preferidos: español, francés
sé hablar y leer estas lenguas

Nombre: Darshna

Apellido: Rughani

Actividad preferida: bailar en discotecas

Otros intereses: natación, leer

Música que me gusta: 'Top 40'

Estudios preferidos: historia, geografía

Nombre: Martin

Apellido: Clarke

Actividad preferida: ciclismo

Otros intereses: tenis, cricket

Música que me gusta: rock

Estudios preferidos: física, informática

Nombre: Christine

Apellido: Johnson

Actividad preferida: escuchar música

Otros intereses: dibujo, ajedrez

Música que me gusta: todos los tipos

Estudios preferidos: comercio, biología

Unas semanas más tarde llegaron estos detalles de chicos
españoles. ¿Puedes elegir los mejores corresponsales para los seis
chicos ingleses?

Felipe Santos
Me gusta la música popular. De momento toco la guitarra en un grupo, ¡pero muy mal! Me gusta ir al campo; ¡tengo que estar solo a veces! En el colegio, se me dan bien la música y los trabajos manuales.

Vicenta Nogales
Lo que me encanta sobre todo es la música ¡y más música! Salgo normalmente los sábados con mis amigas; prefiero quedarme en mi dormitorio escuchando discos o haciendo dibujos. En el colegio lo que hago bien es la mecanografía. Escribo muy rápidamente.

Estéban Argüelles
No me gusta mucho estar en el colegio; por cierto prefiero estar al aire libre. Soy bastante deportista; me gustan todos los deportes. A menudo voy también a conciertos 'rock'. Mis estudios favoritos son las ciencias y la informática.

Pedro Magán
Yo soy muy deportista. Me gusta especialmente el fútbol y el baloncesto. También me gustan muchos tipos de música; a veces escucho música del Caribe. Lo que prefiero hacer sobre todo en el colegio es la educación física y el dibujo.

Dolores Báez
Me gustaría visitar muchos países. Por cierto me gustaría ver Inglaterra, porque prefiero las lenguas en el colegio. Leo mucho y me gusta la música popular. Sé tocar el piano.

Juanita Serano
Me encanta sobre todo el baile. Muchas veces salgo a discotecas con mis amigas. Me gusta toda la música popular moderna. No soy muy deportista pero me encanta nadar. ¿Y mis estudios? Supongo que para mí lo mejor es el comercio y la mecanografía.

La cinta

Tu profesor recibió ayer una cinta de una clase española. Todos los chicos españoles dicen lo que les gusta y lo que les interesa. Vas a escuchar seis de los jóvenes españoles. Mientras escuchas la cinta, escribe las cosas que les interesan o que les gustan, así:

	FUERA DEL COLEGIO	DENTRO DEL COLEGIO
Francisca	Bailar Deportes Playa Piscina	Arte Historia
Pepe		
Mercedes		
Bernardo		
Juana		
Santiago		

Ahora escucha la cinta otra vez y trata de pensar en seis chicos o chicas de tu clase que pueden ser corresponsales de estos seis chicos españoles. ¿Cuál de los seis chicos va a ser el mejor corresponsal para tu pareja? Toma el papel del profesor español y haz estas preguntas a tu pareja:

- ¿Qué te gusta hacer sobre todo?
- ¿Qué te gusta hacer normalmente durante los fines de semana?
- ¿Qué te interesa más estudiar en el colegio?
- ¿Qué deportes haces?
- ¿Qué deportes te gusta ver?
- ¿Vas a menudo a la playa o a la piscina?
- ¿Eres miembro de un club para jóvenes?
- ¿Adónde te gustaría ir de excursión?
- ¿Adónde fuiste el fin de semana pasado?
- ¿Qué hiciste?
- ¿Saliste ayer?
- ¿Con quién?

Consulta tus notas sobre los seis chicos españoles para ver quién va a ser el mejor corresponsal para tu pareja. Luego pide a tu pareja que te haga las preguntas para encontrar el mejor corresponsal para ti.

Tengo un amigo

Lee y escucha la canción.

Tengo un amigo, un amigo yo,
Que no piensa más que en ir a la disco.
Le pregunto si le interesa patinar
Y me contesta que lo único que le gusta es bailar.

Tengo un amigo, un amigo yo,
Que no piensa más que en ir a la disco.
Le pregunto si la bolera le gusta más,
Y me contesta que posiblemente pero no va jamás.

Tengo un amigo, un amigo yo,
Que no piensa más que en ir a la disco.
Le pregunto si el circo o el fútbol le gustaría,
Y me contesta que sólo la disco le encantaría.

No tengo un amigo, un amigo no tengo yo,
Que no piensa más que en ir a la disco.

Una carta de tu corresponsal

Recibes una carta de tu corresponsal.
Léela y contesta.

¡Hola!

Sólo queda un mes antes de tu llegada. Pienso en lo que podemos hacer durante tu visita aquí. Pero para planearlo bien, me gustaría saber un poco más sobre lo que te gusta hacer. ¿Qué haces normalmente en tu tiempo libre? ¿Qué deportes te interesan, para jugar o ver? ¿Eres miembro de un club para jóvenes?

Te hago preguntas porque puedes visitar nuestro club para jóvenes; también en nuestra ciudad hay dos discotecas y un cine. ¿Te gustaría ir al cine una noche? A mí me gustan las películas de horror, porque leo muchos libros de horror. ¿Qué te gusta leer? Las discotecas son buenas; podemos ir a una de ellas si mis padres nos dejan.

Sabes que estamos bastante cerca del mar; podemos ir muchas veces a la playa si quieres.

Tengo una gran colección de discos; todos de música popular. Hay rock, reggae, heavy, ... ¿Qué tipo te gusta a ti? ¿Cuál es tu grupo favorito?

Una cosa más; mis padres dicen que podemos hacer una excursión en coche. ¿Adónde te gustaría ir? Podemos ir a la montaña o posiblemente a la capital. ¿Te interesan los monumentos históricos como castillos y monasterios? Hay tantas cosas que ver y visitar.

No olvides de escribirme y dime lo que quieres hacer.

Hasta pronto.

Luis

¿Qué te gustaría hacer?

Cuando estás en España tu corresponsal va a preguntarte qué quieres hacer y adónde quieres ir. Estás mirando el periódico con tu corresponsal que está hablando de varios sitios adonde podéis ir. Pero no indica los anuncios. ¿De qué anuncio está hablando?

MUSEO DE BELLAS ARTES
AYUNTAMIENTO DE SANTANDER
FUNDACION ARGENTARIA - UIMP

EXPOSICIONES TEMPORALES

JULIO	AGOSTO
• EL COLOR DE LAS VANGUARDIAS. ...URA ESPAÑOLA ...TEMPORANEA ...1990 EN LA ...CION ARGENTARIA ...colaboración con la ...ón Argentana y la UIMP)	COLECCION JUAN ABELLO (III) DIBUJOS (En colaboración con la UIMP)

...DE BELLAS ARTES DE SANTANDER
6 • 39007 SANTANDER • Teléfono (942) 22...

CARTELERA

Clarín 2

(Sala climatizada)
DÍA DEL ESPECTADOR
BUTACA, 400 PESETAS
¡Hoy! 5, 7.45 y 10.30
SEGUNDO MES DEL ESTRENO
MÁS ESPECTACULAR

SPEED

(MÁXIMA POTENCIA)
(N.R.M. – 18 años)
Con
**KEANU REEVES
DENNIS HOPPER
y SANDRA BULLOCK**

Minicines 1

DÍA DEL ESPECTADOR
BUTACA, 400 PESETAS
!Hoy! 5 y 9
(Sólo dos funciones)
¡TERCERA SEMANA!
Una épica historia
de amor y aventura
en una tierra sin ley.

WYATT EARP

(N.R.M. – 18 años)
Con
**KEVIN COSTNER
DENNIS QUAID
Y GENE HACKMAN**
Dirigida por
LAWRENCE KASDAN

Minicines 2

DÍA DEL ESPECTADOR
BUTACA, 400 PESETAS
¡Hoy! 4, 6, 8 y 10.15
¡TERCER MES!
La última gran
superproducción de
STEVEN SPIELBERG

THE FLINTSTONES

(LOS PICAPIEDRAS)
(Todos los públicos)
Con
**JOHN GOODMAN
RICK MORANIS
ELIZABETH PERKINS
y ROSIE O'DONNELL**
Dirigida por
BRIAN LEVANT

**POLIDEPORTIVO
MUNICIPAL**
Deportes para todos

**¡Hoy!
4.30 y 7.30**

**EL CIRCO GIGANTE
DE LAS MARAVILLAS**
Instalado en la plaza de toros

Palacio Real de la Magdalena

UN PALACIO PARA SANTANDER

PLAZA DE TOROS DE **MIJAS**
Empresa: GASPAR JIMENEZ
DOMINGO **6** MARZO 94

GRAN NOVILLADA SIN PICADORES
...RODRIGUEZ... de D. ANGEL SANCHEZ
para los valientes novilleros

**GUSTAVO MARQUEZ
JUAN MANUEL BENITEZ
ANTONIO REY**

Aquí hay unas invitaciones y sugerencias que te podría hacer tu corresponsal. ¿Qué contestas en cada caso? Elige la respuesta más apropiada por cada invitación.

1 ¿Quieres ir al cine el sábado?	**a** No, gracias, no me interesa el fútbol.
2 ¿Te interesa jugar al tenis esta tarde?	**b** No es una mala idea, tengo sed.
3 Tengo dos entradas para la final; ¿quieres ir con nosotros?	**c** Estupendo, voy a conocer a otros chicos españoles.
4 Voy a casa de mi amigo Pablo, ¿me acompañas?	**d** Sí, buena idea; me gustaría ver una película.
5 Si nos quedamos en casa, ¿prefieres ver la tele o un vídeo?	**e** Lo siento, no estoy libre el domingo. Otro día, ¿sí?
6 El lunes podemos ir en tren a Oviedo.	**f** ¿Cómo no? Me interesa ver las tiendas.
7 El sábado por la noche hay una fiesta en casa de Marisol.	**g** Sí, pero no juego muy bien.
8 Tengo que hacer unas compras para mi madre.	**h** Eres muy amable, me gustaría viajar en tren.
9 El domingo podemos ir a los toros si quieres.	**i** Las dos cosas me gustan.
10 Esta tarde vamos a tomar algo en una cafetería, ¿no?	**j** Sí, me gustaría conocerle.

Finalmente,¿qué dirías de verdad a estas invitaciones y sugerencias de tu corresponsal.

¿Adónde vamos a ir?

Estás con un amigo/a español(a). Túrnate con tu pareja y lee y discute cada posibilidad.

1 El lunes podemos ir al cine con mi mejor amigo, Paco, para ver una película de ciencia-ficción, o si prefieres los tres podemos ir a la bolera, pero yo juego muy mal.

Ejemplo:

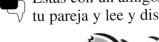
No me interesan mucho las películas de ciencia-ficción; prefiero la bolera.

No importa. Si quieres ir a la bolera, vamos a ir.

2 El martes mis padres van a llevarnos de excursión a las cuevas o a las montañas. ¿Cuál prefieres?

3 El miércoles hay una exposición sobre las cuevas en el museo, por un día solamente, o podemos visitar el castillo. Las dos cosas les interesan a mis padres.

4 El jueves mis tíos nos van a visitar y quieren llevarnos a la pista de hielo o a un restaurante; tú puedes escoger.

5 El viernes por la noche, hay la Fiesta Especial de los jóvenes en la discoteca. Algunos amigos míos van a ir allí; otros van a un concierto de rock. ¿Con qué grupo vamos?

6 El sábado los miembros del equipo de fútbol nos invitan a ver un partido en el centro de deportes, pero mis hermanos menores quieren ir con nosotros al circo.

7 El domingo hay los toros, pero a mí me gustan poco. Si quieres, podemos ir a la playa con unos chicos de mi clase.

95

¿Eres una persona cuidadosa?

Si vas a vivir en casa de tu corresponsal y su familia, ¿vas a tratar sus cosas con cuidado? Si tienes cuidado con tus propias cosas, vas a tratar la propiedad de la familia española con respeto, y vas a ser el perfecto invitado. Un periódico español publicó esta encuesta. ¡A ver si eres una persona cuidadosa!

Estas palabras van a ayudarte a decir con qué frecuencia haces ciertas cosas:

siempre
casi siempre
a menudo
muchas veces
a veces
algunas veces
de vez en cuando
rara vez
nunca

Aquí está la encuesta:

1 ¿Llevas contigo muchas cosas inútiles: fragmentos de papel, lápices y bolígrafos que no funcionan?
A sí   **B** no   **C** a veces

2 Si un compañero te pide una regla o una goma, ¿sabes dónde está?
A siempre   **B** algunas veces   **C** nunca

3 ¿Dejas revistas y discos por todas partes en tu dormitorio?
A nunca   **B** a menudo   **C** siempre

4 ¿Tienes todos los libros que necesitas en clase?
A rara vez   **B** muchas veces   **C** casi siempre

5 ¿Sigues la regla que dice 'un sitio para cada cosa y cada cosa en su sitio'?
A estrictamente   **B** no   **C** algunas veces

SOLUCIÓN

1	A 1	B 4	C 2
2	A 4	B 2	C 1
3	A 4	B 2	C 1
4	A 1	B 3	C 4
5	A 4	B 1	C 2

16-20 PUNTOS
¡Estás muy bien organizado/a! Los padres de tu corresponsal van a estar muy contentos.

12-15 PUNTOS
Bien. Los padres van a estar bastante contentos.

9-12 PUNTOS
Los padres van a estar contentos de vez en cuando.

5-8 PUNTOS
Nunca van a estar contentos los padres.

De nunca a siempre

Lee esta poesía y escribe otra.

Nunca juego al béisbol
Y rara vez al voleibol.
Pero a veces voy a la piscina
Con mi amiga Cristina.
A menudo juego al baloncesto
Con mi amigo Ernesto.
Casi siempre me gusta jugar
Y siempre me encanta ganar.

Ahora sé ...

entender preguntas sobre mi tiempo libre ●●●●●●●●●●●●●●●●●●●●●●●●

¿Qué quieres hacer?	What do you want to do?
¿Te gustaría dar un paseo?	Would you like to go for a walk?
¿Qué te interesa sobre todo en tu tiempo libre?	What interests you most of all in your free time?
¿Qué te gusta hacer normalmente los fines de semana?	What do like doing as a rule at the weekends?
¿Qué deportes haces?	What sports do you do?
¿Vas a menudo a la playa?	Do you often go to the beach?
¿Juegas bien o mal?	Do you play well or badly?
¿Eres miembro de un club para jóvenes?	Are you a member of a youth club?
¿Adónde te gustaría ir de excursión?	Where would you like to go on a trip?
¿Cuál es tu grupo favorito?	Which is your favourite group?
¿Qué tipo de música prefieres?	What type of music do you prefer?
¿Prefieres ir a la bolera o a la pista de hielo?	Do you prefer to go to the bowling alley or the ice skating rink?

describir mis pasatiempos ●●●●●●●●●●●●●●●●●●●●●●●●●●●●●●

Me interesan los monumentos históricos.	I am interested in historical monuments.
Por cierto me gustan muchísimo los deportes.	I certainly like sports very much.
A veces voy a la discoteca.	Sometimes I go to the disco.
Muchas veces voy al centro de deportes.	I often go to the sports centre.
Me gustaría dar un paseo.	I would like to go for a walk.
Soy muy deportista.	I am very keen on sport.
Mis estudios favoritos son posiblemente el español y el francés.	My favourite subjects are possibly Spanish and French.
Prefiero leer. Me encantan los libros.	I prefer reading. I love books.
Juego pocas veces al ajedrez.	I rarely play at chess.
Sé nadar pero nunca voy a la piscina.	I can swim but I never go to the swimming pool.

discutir actividades ●●●●●●●●●●●●●●●●●●●●●●●●●●●●●●●●●●

¿Podemos ir al circo?	Can we go to the circus?
Podemos hacer una excursión a las cuevas.	We can go on a trip to the caves.
¿Cuál prefieres?	Which do you prefer?

97

En esta unidad vas a aprender a:

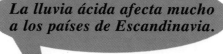
Mi pueblo es muy industrial. Hay muchas fábricas.

La lluvia ácida afecta mucho a los países de Escandinavia.

• describir el medio ambiente donde vives

• entender problemas del medio ambiente

• hablar y dar opiniones sobre el tema

Nuestro mundo

¡Peligro!

El mundo está en un estado peligroso. Los problemas aumentan progresivamente. Hay el problema de la energía nuclear y los residuos radioactivos (1), de los productos químicos que afectan la alimentación, el agua y el ambiente (2), de la basura doméstica en todas partes (3), de deshechos industriales que contaminan el agua y el ambiente (4), los gases de vehículos (5), y problemas ecológicos muy graves (6).

Mira el dibujo y pon en orden los seis problemas (1 = el más peligroso).

 Compara tu lista con tu pareja.

Ejemplo:

Para mí, lo más peligroso es la energía nuclear.

No estoy de acuerdo. Para mí, lo más peligroso es la polución.

¿Estáis de acuerdo?
¿Qué piensa la clase entera?

¿Cómo es tu medio ambiente?

Hay problemas en las ciudades, en los pueblos, en el campo y en
la costa. El colegio de tu corresponsal ha preparado una encuesta
para comparar su pueblo con otros pueblos. Escribe la frase
correcta en cada caso.

Ejemplo:

No veo nunca una marea negra.

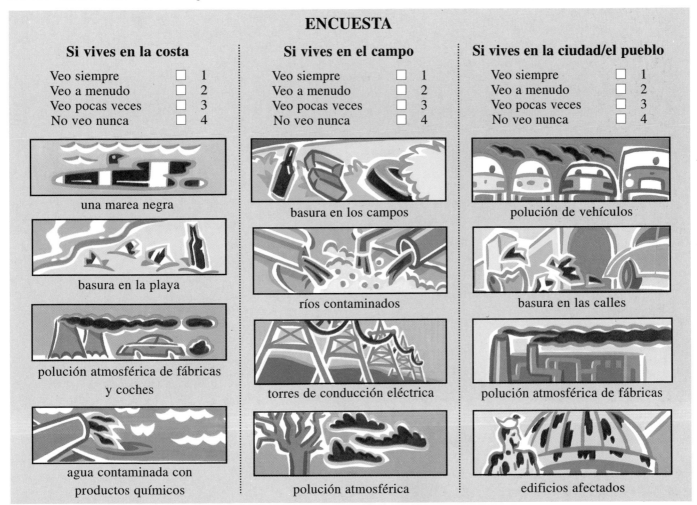

ENCUESTA

Si vives en la costa		
Veo siempre	☐	1
Veo a menudo	☐	2
Veo pocas veces	☐	3
No veo nunca	☐	4

una marea negra

basura en la playa

polución atmosférica de fábricas
y coches

agua contaminada con
productos químicos

Si vives en el campo		
Veo siempre	☐	1
Veo a menudo	☐	2
Veo pocas veces	☐	3
No veo nunca	☐	4

basura en los campos

ríos contaminados

torres de conducción eléctrica

polución atmosférica

Si vives en la ciudad/el pueblo		
Veo siempre	☐	1
Veo a menudo	☐	2
Veo pocas veces	☐	3
No veo nunca	☐	4

polución de vehículos

basura en las calles

polución atmosférica de fábricas

edificios afectados

Escucha lo que dicen unos españoles.
¿Cómo se comparan sus opiniones con las tuyas?

Mira lo que escribieron dos de los alumnos españoles.

> Yo vivo cerca de Santander en la
> costa. Vivo en un pueblo industrial.
> Está muy sucio. Veo siempre las
> fábricas y la polución atmosférica
> que causa. El agua de los ríos está
> contaminada a menudo. La playa
> no está limpia - hay basura y a
> veces petróleo que afectan a la
> playa y los pájaros.

> Yo vivo en Sardinero que está en Santander.
> Es una zona turística con muchos hoteles,
> playas y parques. Las playas son siempre
> muy limpias y no hay nunca basura ni en
> las playas ni en los parques. El agua está
> limpia y se puede nadar sin peligro.
> Lo malo es que hay muchísimos coches.

Escribe una descripción de donde vives para
mandar a tu corresponsal.

Problemas en el hotel

Vas a España en un vuelo chárter. Mira el folleto sobre el hotel – ¡perfecto!, ¿verdad? La realidad es distinta. Tu madre prepara una lista de cosas que no le gustan.

Hotel Bellavista

- 100 metros de la playa
- Situado en una zona tranquila y agradable
- Todas las habitaciones con vistas al mar o al campo
- 150 habitaciones de lujo con baño completo
- Piscina y pistas de tenis

Avenida de la playa, 32
Avilés
Tel 31 42 53

hotel near factory
smoke from factory
beach – oil and rubbish
view of pylons
buildings and trees grey

 Habla con el director del hotel (tu pareja) y dile qué pasa.

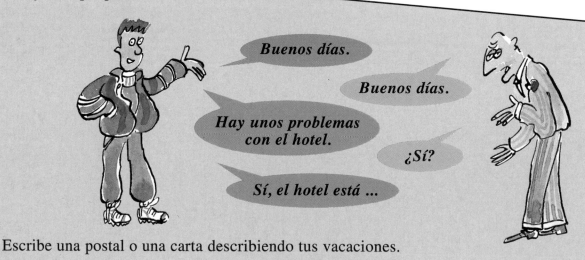

Buenos días.

Buenos días.

Hay unos problemas con el hotel.

¿Sí?

Sí, el hotel está ...

Escribe una postal o una carta describiendo tus vacaciones.

Sancho y Panza

 Lee y escucha.

El juego de las diferencias

Mira los dibujos A y B para treinta segundos. Cierra el libro y
haz una lista de cinco diferencias entre los dibujos. Luego tu
pareja hace una lista. ¿Estáis de acuerdo?

Mira el ejemplo (los dibujos A y B) y escucha a dos
españoles que hacen el juego. ¿Lo hacen bien? Ganas un
punto para cada diferencia hasta cinco.
Haz lo mismo con C – D y E – F.

A

B

C

D

E

F

El pronóstico del medio ambiente del futuro

 Escucha y lee el pronóstico del futuro.

Mañana va a haber una marea negra en la Costa Cantábrica, lluvia ácida en Asturias y en Cataluña. En Madrid niebla y mucha polución atmosférica por la mañana. En Valencia y en la Costa del Sol, basura en la playa. En los Pirineos niveles peligrosos de radio-actividad después del accidente en la central nuclear de Pau. Inundaciones en Lisboa y Oporto y más agua hoy.

En las Islas Canarias va a hacer sol con temperaturas máximas de 32 grados y mínimas de 20.
¡Qué pasen un buen día!

Las selvas tropicales

En el colegio de tu corresponsal estudias geografía. El profesor habla de las selvas tropicales. Lee la información en el libro de texto. ¿Puedes contestar las preguntas del profesor?

Aquí tienes las preguntas del profesor:

- ¿Dónde están las selvas tropicales?
- ¿Qué países de América tienen selvas?
- ¿Cómo se llaman unos de los productos de la selva?
- ¿Por qué son importantes las selvas?
- ¿Por qué desaparecen?
- ¿Hay más agua o menos agua cuando desaparecen las selvas? ¿Por qué?

Hay selvas tropicales en tres partes del mundo: en Asia, Africa y en América. 57% de las selvas tropicales se sitúan en América Central o en América del sur. Brasil tiene muchas y hay también en Colombia, Ecuador y en Méjico. Los productos típicos de las selvas incluyen piñas, plátanos, cacao, café, té, pimientos y mangos.

¿Por qué son importantes estas selvas?
Porque hay animales, árboles y plantas muy raros e interesantes.
Porque hay tribus de indígenas que viven allí.
Porque muchas drogas y medicamentos provienen de las selvas.
Porque afectan el clima regional y posiblemente el clima del planeta.

¿Por qué desaparecen las selvas?
Porque la población aumenta – la gente necesita más tierra, más alimentos y más dinero.
Porque se puede vender mucha madera para los muebles.
Porque la agricultura es básica – se cortan los árboles, se queman.y se cultiva la tierra. Porque a los propietarios les interesan más los productos de la tierra (petróleo, minerales).

¿Qué pasa cuando desaparecen las selvas?
¡Inundaciones y desertificación!
Hay menos agua – los árboles guardan mucha agua (cientos de litros al día).
El agua que hay se escapa con la tierra, la tierra bloquea los ríos y con las tormentas hay inundaciones.
¡El Sáhara era una selva!

Verde, te quiero verde

¿Qué se puede hacer para crear un mundo más verde?
¿Qué se debe hacer?
Mira la tabla abajo. Tienes diez minutos para escribir frases
correctas. Se puede repetir una parte de una frase.

	utilizar	alimentos naturales sin productos químicos.
	poner	productos elaborados con experimentos con animales.
	comprar	productos reciclados.
	prohibir	gasolina sin plomo en el coche.
Se puede	gastar	electricidad, agua y gas.
Se debe	escribir	basura (botellas, latas, papel).
No se debe	protestar	cartas a los periódicos.
	reciclar	a pie o en transporte público.
	viajar	miembro de una organización verde.
	ser	energía natural.
	tirar	basura al suelo.

Diseña un póster como el ejemplo con una de estas palabras:

contaminación
polución
medio ambiente

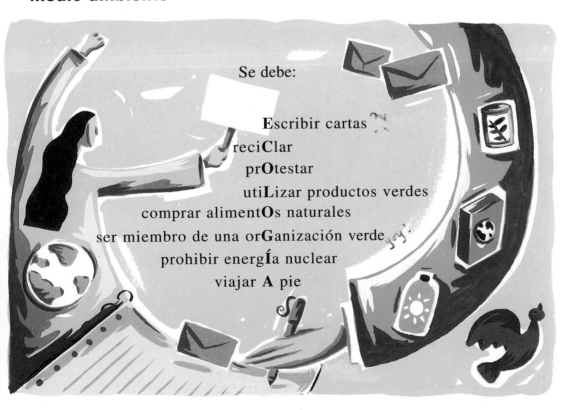

Se debe:

Escribir cartas
reciClar
prOtestar
utiLizar productos verdes
comprar alimentOs naturales
ser miembro de una orGanización verde
prohibir energÍa nuclear
viajar A pie

103

¿Qué se puede hacer en casa?

Todo el mundo tiene una responsabilidad hacia el medio ambiente. Se puede hacer muchas cosas en casa. Mira el dibujo. Haz una lista de lo que se puede hacer en casa para proteger el medio ambiente.

 Discute con tu corresponsal (tu pareja) y prepara una lista completa.

Ejemplo:

A: ¿Qué se puede hacer aquí?
B: Se puede apagar las luces.
A: Sí, y se puede reciclar las botellas.
   ¿Algo más?
B: Sí, se puede usar menos agua.

Se puede 'reciclar' estos verbos:

ducharse	cerrar		apagar
		comprar	
devolver	reciclar	usar	gastar	evitar

Lo bueno es que estoy bien

¡Qué contento estoy yo!
Aquí en el Sardinero.
Con jardines como los de Edén,
Lo bueno es que estoy bien.
Lo bueno es que estoy bien.

Tengo dos coches y una piscina
Y dinero para la gasolina.
Con salud como los de Edén,
Lo bueno es que estoy bien.
Lo bueno es que estoy bien.

No importa que haya polución
En otras partes de la región.
Con aire como el de Edén,
Lo bueno es que estoy bien.
Lo bueno es que estoy bien.

No importa que los ríos
Son rojos, verdes y negros.
Con agua como la de Edén,
Lo bueno es que estoy bien.
Lo bueno es que estoy bien.

Mis hijos y nietos no sé
Si van a entender el porqué
Se han perdido los jardines de Edén.
Lo bueno es que estoy bien.
Lo bueno es que estoy bien.

 Lee y escucha la canción. ¿Qué palabras son aptas para describir a la persona que canta?

egoista   responsable   sensible
inteligente   estúpido
irresponsable   bien informado

Palabras útiles	
con salud como los de Edén	with health like those of Eden (i.e. Adam & Eve)
se han perdido	have been lost

¿Qué haces tú?

 Escucha unas conversaciones entre unos jóvenes españoles. ¿Qué piensas de sus opiniones? ¿Son responsables o no?

 Mira el dibujo en la página 104. Habla con tu pareja sobre lo que haces.

¿Qué haces tú por el medio ambiente?

Bueno, no me baño; me ducho siempre. ¿Y tú?

Apago las luces y el ordenador.

Prepara una presentación oral sobre lo que haces, lo que se puede hacer y lo que se debe hacer. Puedes usar fotos de revistas, dibujos u objetos para explicarlo.

Mira este paquete. Es de plástico y es inútil. No se debe comprar productos con plástico. Se puede comprar fruta sin plástico.

¿Verdad o mentira?

¿Sabes algo sobre la ecología? Decide si estas frases son correctas o no.

1 En Gran Bretaña una familia usa 3.500 litros de agua por semana.

2 Respirar el aire en la Ciudad de Méjico equivale a fumar 40 cigarillos al día.

3 En 1988 una selva del área de Bélgica fue destruida.

4 El Rhin es el río más largo y sucio de Europa. Contiene 316,000 toneladas de deshechos peligrosos.

5 En Suecia 20 mil lagos son ácidos. 4,000 de ellos no tienen peces.

6 Edificios que están en peligro son las catedrales de Colonia en Alemania y de San Pablo en Londres, el Taj-Mahal en India y el Partenón en Grecia.

7 Los Angeles sufre de una niebla tóxica seis meses al año.

8 Los Británicos tiran 23 millones de toneladas de basura doméstica al año.

9 Noruega, la antigua Unión Soviética, Japón, Islandia y Korea del Sur mataron ballenas por razones 'científicas' entre 1985-90.

10 En Gran Bretaña se usan siete billones de latas todos los años. Sólo se reciclan el tres o cuatro por ciento.

¡Todos son verdad!

Solución

Ahora sé ...

describir el medio ambiente donde vivo ●

Mi pueblo es muy industrial.	My town is very industrial.
Hay muchas fábricas.	There are a lot of factories.
No hay mucha polución atmosférica.	There is not a lot of atmospheric pollution.
A veces hay una marea negra que contamina las playas.	Sometimes there is an oil slick which pollutes the beaches.
Hay basura en las calles que son muy sucias.	There is rubbish in the streets which are very dirty.
El centro del pueblo es bastante limpio pero hay muchos coches.	The centre of the town is quite clean but there are a lot of cars.

entender problemas del medio ambiente ●

La lluvia ácida afecta los edificios y los árboles.	Acid rain affects buildings and trees.
Las selvas tropicales están en peligro.	The rainforests are in danger.
Desaparecen las tribus, los pájaros, los animales y las plantas.	Tribes, birds, animals and plants are disappearing.
La gente necesita más tierra.	People need more land.
Hay problemas con la energía nuclear y los residuos radioactivos.	There are problems with nuclear energy and radioactive waste.
Los deshechos industriales contaminan el agua y el ambiente.	Industrial waste pollutes the water and the atmosphere.
El agua está contaminada con productos químicos.	The water is polluted by chemicals.
Hay torres de conducción eléctrica en el campo.	There are electricity pylons in the countryside.
Los gases de vehículos son importantes.	Exhaust gases are important.

hablar y dar opiniones sobre el tema ●

Me interesa la ecología.	I am interested in ecology.
Lo más peligroso es la polución.	The most dangerous thing is pollution.
Se debe gastar menos agua y electricidad.	We should use less water and electricity.
Se puede reciclar periódicos y botellas.	Newspapers and bottles can be recycled.
No se debe usar demasiado el coche.	Cars should not be used too much.
¿Qué haces por el medio ambiente?	What are you doing for the environment?
¿Eres miembro de una organización verde?	Are you a member of a green organization?

En esta unidad vas a aprender a:

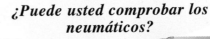

¿Puede usted comprobar los neumáticos?

Me pone 20 litros de súper.

- comprar gasolina o gasoil

- pedir otros servicios

AGUA

- entender los letreros

Tome la carretera de Santander y a cinco kilómetros ...

- entender y dar señas sobre la ruta

CARRETERA CERRADA

- entender letreros en el camino

Deme una tableta de chocolate, por favor.

- comprar bebida y comida en las estaciones de servicio

Estaciones de servicio y gasolineras

En España la gasolina y el gasoil se venden en estaciones de servicio y en gasolineras. Las estaciones de servicio están en las autopistas, autovías y carreteras importantes. Venden gasolina (con y sin plomo), gasoil, aceite, toda clase de artículos para el coche, comida y bebida.

Muchas veces se ven gasolineras en los pueblos y en las ciudades. Normalmente sólo se venden gasolina y gasoil.

Comprando gasolina o gasoil

Si estás en España con tu familia en coche y vas a una estación de servicio grande es fácil – todo es automático y no necesitas mucho español.

Pero si vas a un sitio pequeño o si tienes un problema con el coche, sí necesitas el español.

Lee y escucha los diálogos en una gasolinera pequeña. Quieres saber el precio de la súper y si hay gasolina sin plomo.

1

Buenos días, señor.

Buenos días. ¿Me pone 25 litros de súper?

¿Cuánto es?

2.700 pesetas, por favor.

Tenga.

Gracias.

2

Buenas tardes.

Buenas tardes, señora.

Llénelo de gasoil.

Sí, señora.

¿Cuánto es?

3.500 pesetas.

Aquí tiene.

Gracias.

Adiós.

Con plomo o sin plomo, ésa es la cuestión

La gasolina sin plomo se vende en España en
las autopistas y carreteras importantes y en
las gasolineras.

 Practica estos diálogos con tu pareja
cambiando las palabras subrayadas.

1
Automovilista:	*Buenos días.*
Empleado:	*Buenos días.*
Automovilista:	*Llénelo de súper.*
Empleado:	*¿Sin plomo?*
Automovilista:	*Sí, sin plomo, por favor.*
Empleado:	*Vale.*
Automovilista:	*¿Cuánto es?*
Empleado:	*1.500 pesetas.*
Automovilista:	*Gracias, adiós.*

2
Automovilista:	*Póngame 20 litros de súper.*
Empleado:	*¿Sin plomo?*
Automovilista:	*No, con plomo.*
Empleado:	*Vale.*
Automovilista:	*¿Cuánto es?*
Empleado:	*2.200 pesetas.*
Automovilista:	*Gracias, adiós.*

 Ahora túrnate con tu pareja para hacer
semejantes diálogos, usando estos dibujos:

¿No hay un error?

En las estaciones de servicio los empleados hacen errores a veces. Mientras esperas tu turno escuchas a los empleados para asegurarte de que puedes entender lo que dicen. Notas que algunas veces hacen errores. Y en algunos casos sabes porqué ... ¿Por qué hace un error este empleado?

30 litros de súper.

Ejemplo:

Sí, señor. Vamos a ver, son 110 pesetas por litro, total 4.400 pesetas.

¿No hay un error?

Oh ¡súper! Perdón, debe ser 3.300 pesetas.

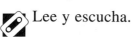 Mira estos dibujos y escucha la cinta. ¿Cuáles empleados no dicen el mismo total que en el dibujo?

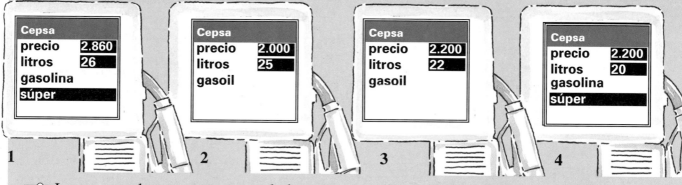

Cepsa	
precio	2.860
litros	26
gasolina	
súper	

1

Cepsa	
precio	2.000
litros	25
gasoil	

2

Cepsa	
precio	2.200
litros	22
gasoil	

3

Cepsa	
precio	2.200
litros	20
gasolina	
súper	

4

Luego escucha otra vez, y cuando hay un error, di el total correcto.

Sancho y Panza

Lee y escucha.

Necesitas otros servicios

En la estación de servicio necesitas gasolina
o gasoil pero también necesitas otras cosas:

1 agua

2 aire

3 aceite

4 neumáticos

5 parabrisas

6 batería

reparaciones

¿Qué dices para pedir estos servicios?

Comprueba la batería, por favor.

Compruebe el neumático. Creo que tiene un pinchazo.

Tengo un problema con el coche.

Tengo el parabrisas roto.

¿Se puede reparar el coche?

Este neumático tiene un pinchazo.

Póngame agua en el radiador.

¿Puede usted comprobar el aceite?

Mira el agua, por favor.

Ponga aire en los neumáticos

Escucha a unos automovilistas. ¿Qué servicios necesitan? Escribe el número de la foto que corresponde al servicio.

Ejemplo:

Cliente:	*Oiga. Tengo un problema con el neumático.*
Empleado:	*¿Qué pasa?*
Cliente:	*Creo que tiene un pinchazo.*
Empleado:	*Voy a comprobar el neumático.*
Cliente:	*Gracias.*

Respuesta = número 4.

No todos los empleados y clientes son muy simpáticos. Escucha los diálogos otra vez. Apunta si cada uno es simpático o no. Compara tus resultados con los de tu pareja. ¿Estáis de acuerdo?

Ahora en parejas uno lee una frase y la otra persona tiene que decir el número.

Ejemplo:

Póngame agua en el radiador.

Número 1.

¿Tienes buena memoria? Haz la actividad con el libro cerrado.

Compruebe los neumáticos.

Número 4.

111

Juego de fotos

Mira las fotos de un ángulo extraño. Escribe
una frase de la página 111 para cada foto.

1

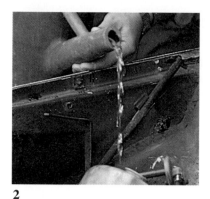

2

3

4

5

Palabras en el garaje

Busca cinco palabras en el dibujo.

SÚPER

AANEPACGEUARAIUBMRIAISARTATSIEECOS

¿Me puede ayudar?

Estás en una estación de servicio con la
familia. Escucha qué servicios quieren
los viajeros.

¿Se puede reparar el coche?

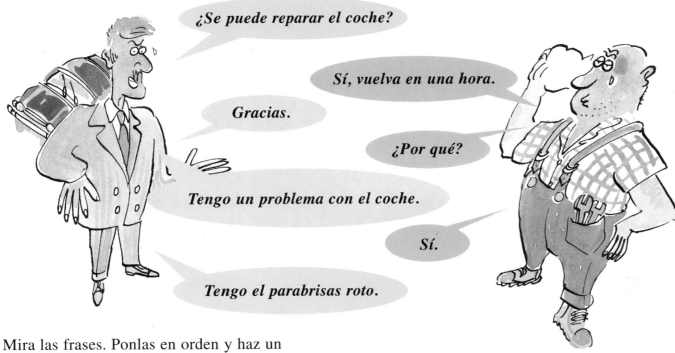

¿Se puede reparar el coche?

Sí, vuelva en una hora.

Gracias.

¿Por qué?

Tengo un problema con el coche.

Sí.

Tengo el parabrisas roto.

Mira las frases. Ponlas en orden y haz un diálogo similar con otro problema frecuente – el neumático tiene un pinchazo, por ejemplo.

Ahora escucha a otros estudiantes que hacen lo mismo.

Diálogos

Haz unos diálogos con tu pareja. Túrnate con tu pareja para ser el automovilista. Mira los dibujos y escoge uno o dos. Compra gasolina o gasoil también.

Ejemplo:

Automovilista:	*Treinta litros de súper, por favor.*
Empleado:	*Muy bien. ¿Algo más?*
Automovilista:	*¿Puede usted comprobar el agua?*
Empleado:	*Sí, en seguida.*
Automovilista:	*Gracias ... por favor, compruebe el aceite también.*
Empleado:	*Sí, señor.*

¿Por dónde se va a ...?

En la estación de servicio tienes la oportunidad de hacer preguntas al empleado sobre la ruta. Aquí tienes unas preguntas:

> *¿Por dónde se va a Santander?*

> *¿A qué distancia está?*

> *¿A cuántos kilómetros está?*

Y unas respuestas del empleado:

> *Usted tiene que tomar la carretera de Santillana.*

> *Tiene que tomar la autopista.*

> *Tiene que seguir hasta Torrelavega.*

> *Está a 50 kilómetros.*

> *¿Por dónde se va a Santander?*

> *Tiene que tomar la autopista...*

Haz unos diálogos con tu pareja:

1 De Torrelavega a Santander
2 Del aeropuerto a Torrelavega.
3 De las cuevas de Altamira a Suances.
4 De Vargas a Santander.

Ejemplo:

(Estás en San Miguel y tienes que ir a Barreda.)

Automovilista:	*Por favor, ¿por dónde se va a Barreda?*
Empleado:	*Primero, tiene que ir a Torrelavega. Tiene que tomar la carretera de Torrelavega y entonces la carretera de Barreda.*
Automovilista:	*¿A cuántos kilómetros está?*
Empleado:	*A seis kilómetros.*

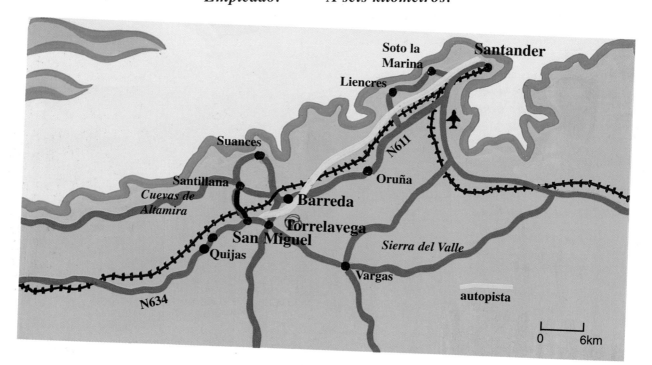

Problemas en la carretera

Una ruta puede parecer fácil según el mapa
pero en realidad puede haber problemas.
¿Qué significan estos letreros? Escribe el número
y la letra. Atención hay siete dibujos y seis
letreros.

Ejemplo:

1 E

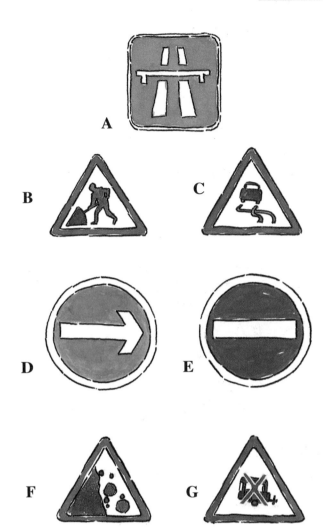

A

B

C

D

E

F

G

1
CARRETERA CERRADA

2
OBRAS

3
DESVIO ➡

4
CAÍDA DE PIEDRAS

5
PELIGRO DE HIELO

6
RUTA NO RECOMENDADA PARA CARAVANAS

El empleado o la empleada explica

En una estación de servicio española, entran
varios turistas extranjeros que hacen preguntas
sobre su ruta, pero que no entienden las
explicaciones del empleado.

 Escucha la cinta una vez. ¿Cuáles de las
explicaciones corresponden a cuáles de
los dibujos arriba?

 Escucha la cinta otra vez. Esta vez
explica a un turista que habla inglés
(tu pareja) lo que dice el empleado. ¿Qué
problema menciona? ¿Da algún consejo?

¿Tienes hambre? ¿Tienes sed?

Si quieres comer (tienes hambre) o si quieres beber (tienes sed), puedes comprar algo de comer o de beber en las estaciones de servicio, sobre todo en las áreas de servicio, donde hay restaurantes o cafeterías.

Buenos días.

Buenos días, señor.

Tengo mucha hambre. ¿Qué tiene usted de comer?

Hay chocolate, caramelos, galletas, bocadillos ...

Deme una tableta de chocolate y dos paquetes de galletas. ¿Cuánto es?

Son setecientas pesetas.

Tenga.

Gracias. Adiós, buen viaje.

Tengo hambre

Tengo sed

Tengo mucha hambre

Compras algo de beber en la estación de servicio, y como has hecho un viaje bastante largo, explicas cómo te sientes. Necesitas estas frases:

Tengo hambre.   *Tengo sed.*

Tengo mucha hambre.   *Tengo mucha sed.*

En estos casos, ¿qué frase empleas? ▶

Ejemplo:

Tengo sed.

Tengo mucha hambre.

1

2

3

4

5

6

7

8

Ahora sé ...

comprar gasolina o gasoil ●●●●●●●●●●●●●●●●●●●●●●●●●●●●●●●●●●●●

Llénelo, por favor.	Fill it up, please.
¿Me pone 25 litros de súper?	Can you put in 25 litres of 4-star?
Póngame 40 litros de gasoil.	40 litres of diesel, please.
¿Sin plomo?	Unleaded?
¿No hay un error?	Isn't there a mistake?
Debe ser 2.700 pesetas.	It should be 2.700 pesetas.

pedir otros servicios ●●●●●●●●●●●●●●●●●●●●●●●●●●●●●●●●●●●

¿Puede usted comprobar el aceite?	Can you check the oil?
Compruebe los neumáticos, por favor.	Check the tyres, please.
Mire el agua.	Look at the water.
Compruebe la batería, por favor.	Check the battery, please.
Póngame agua en el radiador.	Put some water in the radiator.
Tengo el parabrisas roto.	I've got a broken windscreen.
Tengo un problema con el coche.	I've got a problem with the car.
¿Se puede reparar el coche?	Can you repair the car?
Este neumático tiene un pinchazo.	This tyre has a puncture.

pedir y entender información sobre la ruta ●●●●●●●●●●●●●●●●●●●●●●●●●

¿Por dónde se va a Santander?	How do I get to Santander?
¿A qué distancia está? ¿A cuántos kilómetros está?	How far away is it? How many kilometres away is it?
Usted tiene que tomar la carretera de Bilbao.	You have got to take the road to Bilbao.
Tiene que seguir hasta la autopista.	You have got to go on to the motorway.
Está a 50 kilómetros.	It's 50 kilometres away.
Hay obras en la carretera.	There are roadworks on the road.
La ruta no está recomendada para caravanas.	The route is not recommended for caravans.
La carretera está cerrada por nieve.	The road is closed because of snow.
Hay un desvío.	There is a detour.

entender expresiones con 'tener' ●●●●●●●●●●●●●●●●●●●●●●●●●●●●●●●

Tengo hambre. Deme una tableta de chocolate y un paquete de galletas.	I am hungry. Give me a bar of chocolate and a packet of biscuits.
Tengo mucha sed.	I am very thirsty.
Tengo que ir.	I have to go.
Usted tiene que seguir hasta Santillana.	You have got to go on as far as Santillana.

UNIDAD 1 *Mi pueblo*

Lo...

1 Here are some examples of *lo* taken from the first unit:

Lo bueno es que la bahía es muy bonita.
Lo importante es que está cerca.
Lo malo de Santander es el tráfico.

How would you translate *lo*?
Normally *lo* used in this way means 'the ... thing'.
For example:

The good *thing* is that the bay is very pretty.

What have *bueno*, *malo* and *importante* got in common?
1 They are all adjectives.
2 They are all written in the form in which they appear in the dictionary (the masculine singular).

Here is the Spanish for 'easy', 'difficult', and 'amusing': *fácil*, *difícil* and *divertido*.

How would you say these phrases in Spanish?

> 1 The easy thing is ...
> 2 The difficult thing is ...
> 3 The amusing thing is ...

2 Check your answers by looking at the table below, where these three expressions are used.

Using the following table, make up as many correct sentences as you can to describe your town.
Read the sentences to your partner and see if he or she agrees.

	bueno		hay muchos autobuses.
	malo		hay muchas fábricas.
	interesante		hay pocas fábricas.
	importante		está cerca de la costa.
Lo	fácil	es que	está lejos de la costa.
	difícil		las calles son modernas.
	divertido		el centro es antiguo.
	mejor		vivo cerca de las tiendas.
	peor		hay más bares que tiendas.

Más que, menos que

1 As well as being able to describe things, it is useful to know how to compare one thing with another.

Laredo es más turístico que San Vicente.
Santander es más grande que Santillana.
Santander es menos típico que Santoña.

The words to use are:

más	more
menos	less
que	than

Complete the following using más (+) or menos (-).

1 Santander es .... grande que Madrid. (−)
2 Santander es .... importante que Laredo. (+)
3 Castro Urdiales es .... bonito que Málaga. (+)
4 Santoña es .... pequeño que Málaga. (+)
5 Santander es .... típico que Santillana. (−)

2 Your penfriend asks you some questions about England. Answer his questions using *más ... que* or *menos ... que*.

Ejemplo:

> ¿Cuál es más grande, Londres o Manchester?

> Londres es más grande que Manchester.

1 ¿Cuál es más grande, Oxford o Birmingham?

2 ¿Cuál es más bonita, Stratford-upon-Avon o Wolverhampton?

3 ¿Hay menos habitantes en el norte de Inglaterra que en el sur?

4 ¿Dónde hay más sol, España o Inglaterra?

5 ¿Es más barato vivir en Inglaterra que en España?

6 ¿Hay más habitantes en tu pueblo que hay en Santander?

A Ser Detective

Mi, tu, su ...

1 Do you remember how the adjectives *mi*, *tu*, and *su* change when the noun that follows is plural? You simply add an **-s**.

Ejemplo:

Mi padre trabaja en una fábrica. Mis hermanos van al colegio.

¿Dónde están tus amigos? No sé.

¿Tiene animales en casa, María? Sí, tiene sus perros.

Fill in the gaps in the following exercise to show that you have clearly understood the adjectives so far. Luisa is talking to someone her age so you should use the *tu* form of 'your'.

Amiga: Luisa, ¿dónde está .... piso?

Luisa: .... piso está en el centro de Santander en el Paseo de Pereda.

Amiga: ¿Dónde trabajan .... padres?

Luisa: .... padres trabajan aquí en Santander. .... padre es empleado de oficina. .... oficina está cerca. Y .... madre trabaja en un hospital.

Amiga: ¿Dónde está .... colegio?

Luisa: Está bastante cerca también.

Nuestra, Vuestra

1 Now look at these examples of adjectives meaning 'our' and 'your'. What difference do you notice?

Nuestros tíos tienen dos hijos.
Nuestro piso está en el sexto piso.
Nuestra habitación es grande también.
Nuestras primas viven en Torrelavega.
¿Cuántos años tienen vuestros primos?
¿Cómo es vuestra habitación?
¿Cómo es vuestro piso?
¿Vuestras primas viven aquí?

Comparing these examples with *mi/mis, tu/tus, su/sus*, you can see not only that these adjectives add an **-s** if the thing that follows is plural, but that they also change from the masculine **-o** to the feminine **-a** if the thing that follows is feminine.

In other words, *nuestro* and *vuestro* change in exactly the same way as an adjective like *bonito*.

Ejemplo:
Este piso es bonito.
La casa es bonita.
Me parece que estos pisos son muy bonitos.
Estas casas son bonitas, ¿verdad?

2 Two children are boasting to their neighbours that their house is better than their neighbours'. Here is an example of their claims:

Vuestra casa es pequeña.
Nuestra casa es más grande.

En vuestro dormitorio hay una radio. En nuestro dormitorio hay una televisión.

Look at the pictures below and make up some equally unpleasant boasts.

Vuestra casa

Nuestra casa

A Ser Detective

Su/Sus

1 The last adjective we need to look at has a variety of meanings, some of which we have seen already. Look at these examples and find as many meanings as you can for the words *su* and *sus*.

¿Dónde está el piso de Andrés?

Su piso está en la calle de Madrid?

¿Cómo es la casa de Isabel?

Su casa es antigua.

¿Cómo son los dormitorios de los padres?

Sus dormitorios son grandes.

Quiero comprar un regalo para mi padre.

¿Qué le gusta a su padre?

Queremos comprar regalos para nuestros amigos.

¿Cómo son sus amigos?

Andrés e Isabel viven en el mismo barrio.

¿Cómo es su barrio?

Su/Sus can mean:

1 his	4 your (using *usted*)
2 her	5 your (using *ustedes*)
3 its	6 their

Don't forget *su* and *sus* can mean 'his', 'her', 'its', as well as meaning 'their' when using the *usted/ustedes* form of 'you/your'. The adjective changes according to what follows it.

2 By now you should be able to fill in the table below:

masc. singular	fem. singular	masc. plural	fem. plural	
(padre)	(madre)	(tíos)	(abuelas)	
mi		mis		my
	tu			your
su				his/her/its/your (usted)
			nuestras	our
	vuestra			your
		sus		their/your (ustedes)

¿Tu o usted?

1 You meet a Spanish boy who asks you a few simple questions:

¿Cómo te llamas?

¿De dónde eres?

¿Dónde vives?

You hear a man questioning a stranger he meets on a train:

¿Cómo se llama usted?

¿De dónde es usted?

¿Dónde vive usted?

Looking at the two sets of questions, you can see that they mean exactly the same. Why then are they expressed in a different way? The reason is that in Spanish there are two ways of saying 'you' in the singular.

Tú is used when you are talking to a relative, a young person, someone you know well, or a pet. **Usted** is used when you are talking to someone much older, a stranger or someone to whom you have to show respect.

2 Match up the following. Who is likely to have said what?

> 1 Pablo, ¿vienes a la playa?
> 2 ¿Quieres venir a comer?
> 3 ¿Me vas a ayudar en el jardín?
> 4 ¿Quiere usted pasar?
> 5 Usted no puede aparcar el coche aquí.
> 6 ¿Qué quiere usted?

> a dependienta
> b recepcionista
> c amigo
> d policía
> e madre
> f padre

3 Look back at the questions above. What two differences do you notice between the different ways of asking those questions?

1 The verb endings are different. The **usted** form uses 'he', 'she', 'it' endings of the verb.

Ejemplo:
¿Dónde vive usted?
Where do you live?
Miguel vive en Salamanca.
Miguel lives in Salamanca.

2 The **usted** form usually has an extra word – **usted**.

There are two reasons for this:
– it makes it sound more formal, polite;
– it avoids confusion caused by 'sharing' its verb ending with 'he', 'she', 'it'.

4 A journalist is asking a businessman some questions about himself and where he lives. Here are the answers which the businessman gave. What were the questions?

Ejemplo:

> *¿Dónde vive usted?*

> *Vivo en Madrid.*

> 1 No, no vivo en el centro, vivo en las afueras.
> 2 Sí, trabajo en el centro.
> 3 No vivo en un piso, vivo en una casa.
> 4 Tengo cuatro hijos.
> 5 Los fines de semana voy a la montaña.
> 6 Sí, practico muchos deportes: el tenis, el hockey.

Now work out what the questions would have been if the journalist had been talking to someone he knew in the office.

5 We have seen that *usted* uses the 'he', 'she', 'it' form of the verb. Now you compare the following questions that might be put in a souvenir shop:

Señorita, ¿a **sus** padres les gustarían unas castañuelas?
Paula, ¿a **tus** padres les gustarían unas castañuelas?

Why is 'your' translated differently?
When you use the *usted* form of 'you', the word for 'your' goes into the 'his'/'her'/'its' form (*su/sus*), just as the verb ending goes into the 'he'/'she'/'its' form.

Ejemplo:
¿Cuántas personas tiene usted en su fábrica?
How many people have you got in your factory?
¿Cuántas personas tiene Miguel en su fábrica?
How many people has Miguel got in his factory?

6 A Spanish teacher on the exchange comes to visit you and asks questions about you and your house and family. To give you practice in speaking Spanish, she encourages you to ask her questions.

Ejemplo:

> *¿Tiene usted jardín en su casa?*

A Ser Detective

Vosotros y ustedes

1 The Spanish not only have two forms for the *singular* 'you' but they also have two forms for the *plural* 'you'.

Vosotros is the plural of *tú*.
Ustedes is the plural of *usted*.

Match up the following questions and responses:

Ejemplo:

¿Tienen ustedes
sus pasaportes?

Sí, señor.
Aquí tiene usted.

1 ¿Vais al cine con nosotros?
2 ¿Saben ustedes el nombre de la calle?
3 ¿Llegáis a qué hora?
4 ¿Quieren ustedes una mesa para cuatro?
5 ¿Cómo se llaman ustedes?
6 ¿Coméis en casa?

a Sí, se llama calle Espronceda.
b A las ocho y diez.
c Para cinco, por favor, cerca de la ventana.
d Sí, ¿a qué hora empieza la película?
e González. Tiene nuestra habitación.
f No mamá, vamos a un bar.

2 Imagine the questions below were put to some friends. How would you have to alter them in order to ask some people you didn't know well?

Ejemplo:
¿Vivís en Málaga?
¿Viven ustedes en Málaga?

1 ¿Trabajáis allí, en Málaga?
2 ¿Tenéis muchos amigos allí?
3 ¿Qué hacéis los fines de semana?
4 ¿Adónde vais?
5 ¿Qué hay en vuestro pueblo?
6 ¿Vuestras tiendas son grandes?
7 ¿Y dónde está vuestra casa?
8 ¿Hay un cine en vuestro pueblo?
9 ¿Y vuestra oficina está en el centro?

3 We saw earlier that when you use the *usted* form, you normally say the word *usted*. Now look what happens to this word in the following dialogue:

Tendero:	*Buenos días.*
Cliente:	*Buenos días.*
Tendero:	*¿Qué quiere usted?*
Cliente:	*¿Tiene usted manzanas?*
Tendero:	*Sí, señor, ¿cuántas quiere?*
Cliente:	*Un kilo.*
Tendero:	*¿Desea algo más?*
Cliente:	*Sí, ¿tiene peras?*
Tendero:	*No, señor, lo siento.*
Cliente:	*¿Cuánto es?*
Tendero:	*160 pesetas.*
Cliente:	*Gracias.*
Tendero:	*A usted.*

There are three places where *usted* could have been used but wasn't. Where are the places and why do you think the *usted* was omitted?
Usted could have been used after *quiere*, *desea* and *tiene*.
But:
- the shopkeeper has already used *usted* (showing his politeness)
- there is no confusion with 'he', 'she', 'it'.
- the dialogue would be rather repetitive if *usted* were put in all the time.

Usted and ustedes are often
abreviated to *Vd.* and *Vds.*

A Ser Detective

UNIDAD 3 La rutina diaria

Reflexive verbs

1 You may not have realised it, but you have most probably been using reflexive verbs since your first Spanish lesson.

Ejemplo:
¿Cómo te llamas?
Me llamo ...

Look at some examples of verbs from this *unidad* referring to people's daily routine. What differences do you notice between the two groups of verbs?

A ¿**Me lavo** aquí?
  ¿**Te vistes** antes de desayunar?
  ¿A qué hora **se despierta** usted?
  Nos duchamos por la mañana.
  ¿**Os levantáis** temprano?
  Se acuestan a las once.

B **Desayuno** primero.
  ¿**Comes** tú en el colegio?
  ¿Qué **toma** usted para desayunar?
  ¿**Salimos** a las once.
  ¿Adónde **vais**?
  ¿**Terminas** a las seis?

The difference is fairly obvious. The verbs in section **A** need an extra word and that word changes according to who the subject is. The words are: *me*, *te*, *se*, *nos*, *os*, *se*.

Why are these extra words used? To 'reflect' the fact that the action is done to oneself, e.g. I wash (myself) in the bathroom.
Whereas in English we often miss out the extra word, in Spanish it must be included.

Ejemplo:
Me lavo en el cuarto de baño:
I wash myself in the bathroom,
or I wash in the bathroom,
or I have a bath in the bathroom.

So what does *me llamo* mean literally? It means 'I call myself'.

Pick out the reflexive verbs from the following dialogue:

Pilar: ¿*Te levantas tarde cuando estás de vacaciones?*
Juan: *Depende. Si estoy cerca de la playa me baño por la mañana antes de desayunar.*
Pilar: ¿*A qué hora te despiertas para hacer eso?*
Juan: *A las siete.*
Pilar: ¿*Qué piensa tu mujer?*
Juan: *No mucho. Ella se levanta muy tarde, se viste, toma el desayuno y se sienta en la terraza de la habitación.*
Pilar: ¿*Os quedáis en un buen hotel?*
Juan: *Sí. Nos cuesta bastante pero vale.*

The reflexive verbs are:

te levantas
me baño
te despiertas
se levanta
se viste
se sienta
os quedáis

2 Your penfriend sends you a letter describing what she and the family do at the weekends. Fill in the blanks with one of the following: *me*, *te*, *se*, *nos*, *os*, *se*.

Los sábados mi hermano .... despierta primero. No entiendo porqué. ¡Durante la semana .... levanta lo más tarde posible!
Mis padres .... levantan después. Mi madre prepara el desayuno y mi padre. .... lava en el cuarto de baño. Luego .... sentamos en el comedor y tomamos el desayuno. Después, ... pongo la ropa y salgo de casa. .... reúno con mis amigos en la plaza. .... divertimos mucho. A veces .... bañamos en el río o .... sentamos al sol.
¿Qué haces tú el sábado? .... diviertes con amigos o .... quedas en casa? ¿ .... bañáis en el río como nosotros, o en la piscina?

123

ciento veintitrés

3 How do you know when to use a reflexive verb in Spanish? Compare these two sentences:

Me lavo en el cuarto de baño.
Lavo el coche.

In the first sentence the action is done to oneself:
I wash myself in the bathroom.
In the second sentence the action is done to something else:
I wash the car.

At other times you have to remember (or look up in a dictionary to find out) whether the extra word is tagged on to the infinitive, e.g. *reunirse* - 'to meet'.

4 See if you can answer all these questions about yourself and your family's daily routine put to you by a rather inquisitive person!

1 ¿Quién se levanta primero en tu casa?
2 ¿Os despertáis temprano los fines de semana?
3 ¿Tu madre prepara el desayuno?
4 ¿Te vistes antes o después del desayuno?
5 ¿Tus padres cenan a qué hora?
6 ¿Se acuestan tarde?
7 ¿Y tú y tu hermano os acostáis a las diez o más tarde?
8 ¿Te quedas en casa por la tarde o te diviertes con amigos?
9 ¿Escuchas discos o ves la televisión por la tarde?

Radical or stem-changing verbs: primera parte

1 Look at the following extracts from the letter that Miguel wrote to Paul on page 31.

Me **despierto** a las siete y cuarto.
Las clases **empiezan** a las nueve.

If you look up the verbs in the dictionary you will see the following entries:

> despertarse - to wake up
> empezar - to begin

Notice that the **ie** in the stem of the verbs has changed to **e** in the infinitive: *empezar – empiezan*.

Look at the following extract from an interview between a journalist and someone living in the Spanish Pyrenees describing life there in winter.

Periodista: *Es una vida dura, ¿verdad?*
Campesino: *En invierno, sí. Nieva bastante y hace mucho frío.*
Periodista: *¿Qué piensa usted del clima?*
Campesino: *Pues, no siento mucho el frío.*
Periodista: *¿No?*
Campesino: *Me quedo en casa. Enciendo el fuego, me siento delante y estoy bien.*

Pick out the **ie** verbs and write down the infinitives (don't forget to write **-se** on the end if the verb is reflexive, e.g. *despertarse*)

The infinitives you should have written are:

nevar	to snow
pensar	to think
sentir	to feel
encender	to burn
sentarse	to sit down

2 Now answer the following questions:

1 ¿Te diviertes los fines de semana?
2 ¿Prefieres el café o el té?
3 ¿Quieres salir el sábado?
4 ¿Qué piensan tus padres de la música pop?
5 ¿Te despiertas a qué hora?
6 ¿Nieva mucho en las montañas en España?
7 ¿Tienes muchos deberes por la tarde?
8 ¿A qué hora empiezan las clases?

3 Look at this short dialogue and work out what these verbs have in common:

Marga: *¿A qué hora vuelves a casa?*
José: *Vuelvo a casa a las siete.*
Marga: *¿No puedes volver antes?*
José: *No, no puedo. Y mi mujer vuelve a las once.*
Marga: *Y, ¿a qué hora se acuesta?*
José: *Se acuesta a las doce y se duerme en seguida.*

In these verbs the stems all contain **ue**. But in the infinitive forms the **ue** changes to **o**:

volver	to return
poder	to be able
acostarse	to go to bed
dormirse	to go to sleep

4 Look at the conversation in a department store between a girl and her mother. Pick out the **ue** verbs as above and write down the infinitives.

Madre: ¿Dónde se encuentra la ropa de niños?

Dependienta: Está por aquí.

Madre: Gracias. ¿Cuánto cuestan estos zapatos?

Dependienta: 10.000 pesetas.

Madre: ¿Me muestra un par más barato?

Dependienta: Claro que sí ... Aquí tiene.

Niña: ¿Me los pruebo, mamá?

Madre: Sí.

Niña: Me duelen. No puedo andar.

Madre: Entonces, devuélvelos a la señora.

Niña: ¿Nos vamos ya?

Madre: No. Llueve mucho y yo no me muevo de aquí antes de comprarte unos zapatos.

You should have found the following verbs:

encontrarse	to be found
costar	to cost
mostrar	to show
probarse	to try on
doler	to hurt
poder	to be able
devolver	to give back
llover	to rain
moverse	to move/stir

5 Look at the following dialogue. The printers have had difficulties with the **o** and the **ue**. Write out the verbs with the correct form of the stem.

Mujer: ¿Cuándo v*lves de Madrid?

Marido: Quiero v*lver mañana pero no sé si p*do.

Mujer: ¿Qué tiempo hace en Madrid?

Marido: Hace frío y va a ll*ver.

Mujer: Aquí ll*ve ahora. ¿Vas a dem*strar los últimos modelos a los clientes antes de v*lver?

Marido: Si es posible, sí. Mañana dem*stro los artículos y v*lo a Bilbao por la tarde.

Mujer: ¡Estupendo!

Marido: Hasta mañana.

Radical or stem-changing verbs: segunda parte

1 Here is Luisa's description of an amusing visit to a restaurant where the waiter has a hopeless memory. Look at the verbs underlined.

Sabes que me gusta salir. Bueno, me compro un nuevo vestido y me lo pongo. ¿Te vistes así cuando vas a un restaurante? Entonces me despido de mis padres y encuentro a Juan delante del restaurante. Una vez sentados Juan pide la carta. Yo elijo sardinas y chuleta y Juan pide una ensalada y un bistec. También media botella de vino tinto y agua mineral con gas. El camarero dice:
— ¿Quiere usted repetir, por favor?
Juan repite tres veces y el camarero se va. Unos minutos después vuelve con una botella de vino tinto y agua mineral sin gas.
Yo digo:
— Por favor, usted nos sirve una botella pero sólo queremos media botella.
— ¿Qué dice usted?
— QUE PIDO MEDIA BOTELLA, repite Juan.
— Vale, en seguida, señor.
Pasa igual toda la tarde; nos sirve tarta helada en vez de helado y fruta en vez de flan.
¡Qué tarde!

In the dictionary you will see the following entries:

vestirse	to get dressed
despedirse	to say goodbye
pedir	to ask for
elegir	to choose
repetir	to repeat
servir	to serve
decir	to say

As you see, the **e** of the stem has changed into an **i**.

2 Answer the following questions using suggestions from the box below:

1 ¿Qué dices cuando te despides de tus padres por la mañana?
2 ¿Qué hace el profesor cuando los alumnos no entienden la lección?
3 ¿Qué te sirven la cantina?
4 ¿Cuánto dinero pides a tus padres cuando quieres comprar ropa?
5 ¿Te vistes tarde los domingos?

> patatas fritas
> repetir la lección
> A las once
> ¡Hasta luego!
> 6.000 pesetas

3 So far you have seen that these verbs change their stem in the 'I', 'you', 'he', 'she', 'it' (*usted*), and 'they' forms of the verb. Some change from **e** to **ie**, others from **o** to **ue** (or in the case of *jugar*, **u** to **ue**) and others from **e** to **i**. But 'we' and 'you' (familiar plural) forms of the verb do not change their stem. We can draw up the following table:

	preferir	**volver**	**pedir**
Yo	prefiero	vuelvo	pido
Tú	prefieres	vuelves	pides
El, ella Vd.	prefiere	vuelve	pide
Nosotros/as	preferimos	volvemos	pedimos
Vosotros/as	preferís	volvéis	pedís
Ellos, ellas, Vds.	prefieren	vuelven	piden

Use the verbs above and others like them to dispute the following accusations being made against you and your penfriend.

Ejemplo:
Os despertáis muy tarde, ¿verdad? (temprano)
No, nos despertamos temprano.

1 Os vestís en el cuarto de baño, ¿verdad? (dormitorio)
2 Os servís antes de los otros, ¿verdad? (después)
3 Empezáis los deberes en el colegio, ¿verdad? (casa)
4 Volvéis muy tarde por la noche, ¿verdad? (a las diez)
5 Os acostáis a la una, ¿verdad? (a las once)

4 You have come across a number of verbs which are stem-changing in one way or another. However, most verbs do not behave in this way. How can you tell which verbs do?
In some dictionaries, and at the back of this book, stem-changing verbs will have the change of letters in brackets after the infinitive.

Ejemplo:
cerrar (ie), volver (ue), pedir (i), jugar (ue)

Look at the following sentences. They are all things you would like to do. Using the information in brackets, write down what you actually do.
Note: Not all the verbs are stem-changing.

Ejemplo:
Me gustaría despertarme a las doce. (8)
Me despierto a las ocho.

1 Me gustaría despertarme a las doce.(7)
2 Me gustaría vestirme a la una.(2)
3 Me gustaría empezar clases a las cuatro. (9)
4 Me gustaría sentarme en el parque. (en clase)
5 Me gustaría comer en el restaurante. (en el colegio)
6 Me gustaría divertirme mucho. (poco)
7 Me gustaría hacer deporte por la tarde. (los deberes)
9 Me gustaría volver a la una. (10)
10 Me gustaría acostarme a las dos. (10.30)

5 In this exercise, compare what you do during the week with what you do at weekends. Follow the example and complete the second sentences.

Ejemplo:
Los lunes me despierto a las seis y media.
Los sábados puedo despertarme a las diez.

1 Los lunes me despierto a las seis y media.
  Los sábados .... (10.00)
2 Los martes me levanto a las siete menos menos cuarto.
  Los domingos ....(10.30)
3 Los miércoles vuelvo a las diez menos cuarto.
  Los domingos ....(11.00)
4 Los jueves me acuesto a las diez y media.
  Los sábados ....(12.00)
5 Los viernes me duermo a las once menos veinticinco.
  Los sábados ....(12.05)

A Ser Detective

UNIDAD 5

¿Tiene una habitación, por favor?

Asking questions

We ask questions when we need information. We ask different sorts of questions to obtain different sorts of information. In Spanish, the simplest questions to ask are those which need only a 'yes' or a 'no' answer. For these you use exactly the same words in exactly the same order, as you would if you were stating a fact; the important difference is that you have to raise your voice at the end to show that this is a question.

1 With a partner, practise reading these sentences aloud. You can choose whether to read them as facts or as questions. Your partner must listen carefully and say which you have chosen to do. Alternate with your partner.

Ejemplo:

Podemos salir a dar un paseo ahora.

No es una pregunta.

o bien:

¿Podemos salir a dar un paseo ahora?

Es una pregunta.

1 Todas las habitaciones tienen teléfono.
2 Hay un banco cerca de aquí.
3 Se puede aparcar delante del hotel.
4 El castillo está abierto hoy.
5 Tiene un folleto sobre Santander.
6 Hay clases por la tarde.
7 No funciona el ascensor.
8 Se puede jugar al tenis.
9 Se puede vivir con una familia española.
10 Está lejos de la casa de Miguel.

2 We often want a fuller answer than just 'yes' or 'no' when we ask a question. We want to know:

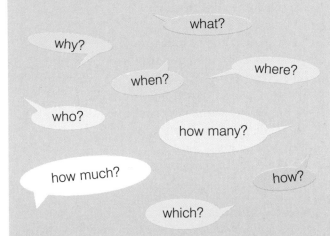

why? what? when? where? who? how many? how much? how? which?

Look carefully at the following questions. They all contain a word which asks for specific information. Which words are they? What specific information do they ask for?

1 ¿Cuál es tu deporte favorito?
2 ¿Qué hay de interés en Santiago?
3 ¿Cuándo sale el tren?
4 ¿Cuántos hermanos tienes?
5 ¿Adónde vas esta tarde?
6 ¿Cómo es la ciudad?
7 ¿Por qué no te gusta este hotel?
8 ¿Quién es este señor?
9 ¿Dónde está el cuarto de baño?
10 ¿Cómo llegas al colegio?

What do you notice about all these question words? They are all called interrogatives; can you suggest why? Is there anything they have in common?

First, they are all placed at the beginning of the question, and second, they all have an accent. The accent is important, because these words are also used in sentences which are not questions, and then they don't have an accent.

A Ser Detective

3 Now you should have no difficulty in matching the questions below with the correct answer.

1 ¿Cuántos años tienes?
2 ¿Adónde vas?
3 ¿Cuándo empiezan las vacaciones?
4 ¿Dónde está el hotel Mirador?
5 ¿Cómo es tu habitación?
6 ¿Por qué no vienes a la discoteca?
7 ¿Cómo se llama el perro?
8 ¿Quién viene con nosotros?
9 ¿Cuál te gusta más?
10 ¿Qué haces los sábados?

a Cerca de la Plaza Mayor.
b Es muy cómoda, con vistas al mar.
c Porque no me gusta bailar.
d El 20 de junio.
e Al cine.
f Mis primos.
g Dieciséis.
h El rojo.
i Negrito.
j Escucho discos.

4 Look at these sentences. Decide which of each pair is a question and write it in your exercise book with question marks around it.

1 a Cuándo empieza la película.
  b Cuando vas de vacaciones es mejor ir en coche.
2 a El libro que voy a comprar es muy interesante.
  b Qué haces en la cocina.
3 a Le ruego me mande cuantos folletos tenga sobre la ciudad.
  b Cuántos días te quedas en Málaga.
4 a Dónde pongo la ropa.
  b Al llegar donde está el cine Rex, tuerza a la derecha.
5 a Quién es Juan.
  b El señor con quien habla mi hermano es muy simpático.
6 a No voy a comprarlo allí porque esta tienda es muy cara.
  b Por qué necesitas otro.

¿Por qué? is easy to spot because not only does it have an accent when used in a question, but it also becomes two words.

5 Look at the sentences below. What do you notice about the question words?

¿De qué está hecho?

¿Para cuándo necesitas estos zapatos?

¿Con quién vas a París?

¿En qué consiste esta salsa?

¿Para quién vas a comprar el disco?

¿Hasta cuándo vas a estar en Portugal?

¿A quién te vas a presentar?

¿De quién es esta llave?

¿A cuál de los libros te refieres?

¿De dónde vienes?

¿A qué hora desayunamos?

Can you see what has happened? All the question words have been pushed into second place by words meaning 'for', 'in', 'to', 'with', 'until', 'at' or 'of' (i.e. prepositions).

In English, we usually put these words at the end of our questions, but this would sound very strange to a Spanish person. For example, we would say 'What is it made of?', but a Spanish person would say *¿De qué está hecho?*

6 Work with a partner and see if you can match each of the pieces of information below with one of the questions on page 128. Take it in turns with a partner to ask a question and find a sensible answer. There are clues! When you have worked them out, write the questions and answers in your exercise book.

Ejemplo:

¿Con quién vas a París?

Voy con mi primo.

1 A las ocho.
2 Creo que es de María.
3 Los necesito para mañana.
4 Me va a presentar a su amigo, Jaime.
5 Vengo de casa de MariCarmen.
6 Lo voy a comprar para mi novio.
7 Me refiero al libro que voy a comprar.
8 Voy a estar allí hasta la semana que viene.
9 Consiste en leche, harina, azúcar y limón.
10 Voy con mi primo.
11 Está hecho de cuero auténtico.

7 You must be particularly careful when you see **¿cuánto?** Can you explain why?

¿Cuánta influencia tiene este señor?

¿Cuántas amigas vienen a la fiesta?

¿Cuántos caramelos vas a comprar?

¿Cuánto dinero tiene?

How do you know whether to use **¿cuánto?, ¿cuánta?, ¿cuántos?, ¿cuántas?** Look at these examples:

¿Cuántas habitaciones hay en este piso?
¿Cuánto dinero necesitas?
¿Cuántos recuerdos vas a comprar?
¿Cuánta sopa vas a preparar?

Have you worked it out? *¿Cuánto?* changes like other adjectives depending on the noun that goes with it.

However, when you are asking about prices, *¿cuánto?* never changes:

¿Cuánto cuestan las manzanas?
Este libro, ¿cuánto es?
¿Cuánto cuesta la camiseta amarilla?
¿Cuánto cuestan estos caramelos?

Practise choosing the correct form of *¿cuánto?* Write the completed sentences in your exercise book.

1 ¿.........................días de fiesta hay en un año?
2 ¿.........................ensalada necesitamos?
3 ¿.........................discotecas hay en la ciudad?
4 ¿.........................cuesta esta revista?
5 ¿.........................pollo tengo que comprar?
6 ¿.........................horas de deberes tienes normalmente?
7 ¿.........................cuestan estas postales?
8 ¿.........................dinero tienes?
9 ¿.........................chicos hay en este colegio?
10 ¿.........................asignaturas estudias?
11 ¿.........................alumnas hay en las clases?

8 When you find yourself in a new or strange situation, you will want to ask lots of questions. If you were in a friend's house in Spain, what questions would you have asked to get the following answers?

All the questions you need have already appeared in this section. How fast can you find them?

1 No, sólo a dos minutos andando.
2 Creo que sale a las diez y media.
3 ¿El cuarto de baño? Al lado de tu habitación.
4 Mañana. Hoy no tenemos tiempo.
5 El perro se llama César.
6 Puedes poner tu ropa en este armario.
7 ¿Juan? Es un amigo del colegio.
8 ¿Discotecas? Hay muchas, pero son malas, y caras.

129

A Ser Detective

Ir a...

Valencia 28 de junio

Querida amiga:

Ahora estoy de vacaciones hasta setiembre. Mañana es fiesta y voy a ir a la playa cerca de Valencia con unos amigos. Vamos a pasar toda la mañana en la playa. Vamos a comer paella en un restaurante típico y después vamos a ir de excursión por la costa.

En agosto mis padres y mi hermano van a visitar a mi abuela en Asturias. Van a estar allí todo el mes de agosto. Yo voy a pasar quince días en la Costa del Sol con mi amiga Susana y su familia, y después voy a ir a casa de la abuela. Esta tarde voy a salir a una nueva discoteca que hay aquí en Valencia.

Escríbeme pronto. ¿Qué vas a hacer durante las vacaciones? ¿Vas a venir a España o vas a volver al País de Gales con tu familia como el año pasado? Tu familia y tú, ¿cuándo vais a visitarme aquí en Valencia?

Muchos besos,

María Jesús

1 María Jesús is writing about what she is going to do during the holidays. Can you work out how she does this? As you can probably see, it's done like this:

(part of *ir*) Vamos + a + (infinitive) comer

This is very like the English:

(part of 'go') We are going + (infinitive) to eat

But don't forget the extra word <u>a</u> in Spanish:

¿Qué vas a hacer?

A Ser Detective

Supply either the question or answer to these sentences by looking at what María Jesús said in her letter.

1 ¿Adónde vas a ir mañana?
2 ¿Qué vas a comer en un restaurante típico?
3 ¿Quiénes van a visitar a su abuela en Asturias?
4 ¿Cuánto tiempo vas a pasar en la Costa del Sol?
5 Voy a venir en agosto.
6 No voy a volver al País de Gales este año.

2 See how many sentences talking about the future you can make using these words. You can use some of them more than once if you want to, but make sure your sentences make sense.

ir	¿vas ...?	mi familia	salir
mañana	en agosto	esta tarde	
voy	a	mis amigos	
volver	María Jesús	vamos	
bailar	a las dos	a las cinco	
jugar	visitar	comer	España
al tenis	el sábado	la playa	
al fútbol	al golf	va	

3

> *¿Qué vais a hacer el domingo?*

The answer to this question would be something like:

Vamos a ir a la discoteca, or
Vamos a salir a una cafetería.

Since the answer is always, 'We are going to' then *¿Qué vais a hacer?* must be talking to more than one person.

Vais is the part of *ir* that is used when you talk to a group of friends or to people of your own age. Adults use it when speaking to more than one young person, too.

Ejemplo:

- *Hola, amigos, ¿qué vais a hacer esta tarde?*
- *Vamos a escuchar discos en casa de Maritere.*
- *¿No vais a ir a la fiesta de Paco?*
- *No, porque más tarde vamos a ir al cine.*
- *Bueno, chicos, ¿cuándo vais a visitar el museo?*
- *Vamos a ir esta mañana.*
- *Y ¿qué vais a hacer esta tarde?*
- *Vamos a comprar unos recuerdos en el Corte Inglés.*

4 You interviewed a group of young Spanish people who were visiting your part of Britain. You recorded what they said, but unfortunately parts of the tape are unclear. Can you work out what should be in the gaps?

- ¿Qué regiones de Inglaterra vais a visitar?
- .... a visitar Londres, Stratford y el Distrito de los Lagos.
- Y ¿ .... a ver los monumentos en .... ?
- Sí, vamos a ver el Parlamento, St Paul's y el Palacio de Buckingham entre otros.
- Y después, ¿qué .... a hacer?
- Vamos a volver a España.
- Pero, Pepe, tú .... a visitar a tu corresponsal inglés, ¿verdad?
- Sí, no voy a volver a España con el grupo. .... a pasar quince días en Escocia.
- Y ¿cómo .... a volver a .... , entonces?
- .... a coger el avión en Glasgow.
- Muy bien, gracias.

UNIDAD 7 ¿Lo pasaste bien?

The preterite

1 Read the following passage. What job do the words underlined do?

Ayer, después de comer <u>cogí</u> el autobús y <u>fui</u> a casa de mi amigo Miguel. El me <u>mostró</u> su nueva bicicleta y luego <u>escuchamos</u> música en su habitación. Su hermana <u>llegó</u> sobre las tres y <u>decidimos</u> salir. <u>Fuimos</u> al parque pero <u>empezó</u> a llover. Nos <u>encontramos</u> con Raúl y él nos <u>invitó</u> a una fiesta en su casa. <u>Fue</u> fabulosa. <u>Bailamos</u> y <u>charlamos</u> mucho. No <u>volví</u> a casa hasta las dos de la mañana.

The words underlined are all verbs; they say that someone *did* something or that something *happened*. Look at the passage again and check that this is the case.

This form of the verb that tells you what people did, or what happened, is called the preterite. Once you know how to use it you can talk and write about all the interesting things that happened in the past. Look at some more examples of the preterite. Can you guess what is being talked about here?

<u>Nació</u> en 1919 en Junín, un pueblo en Argentina. En 1934 <u>fue</u> a Buenos Aires, atraída por un gran interés en el teatro. Al principio no <u>tuvo</u> éxito. En 1944 <u>conoció</u> al coronel Perón y en 1945 <u>se casó</u> con él. En 1951 <u>hizo</u> un viaje a Europa y en 1952 <u>enfermó</u> con cáncer. <u>Murió</u> a los 33 años. Unos 25 años después su vida fue el tema de una ópera 'rock' escrita por dos jóvenes compositores ingleses. Ellos <u>escribieron</u> también 'Jesucristo Superestrella'.

You can see that the preterite works in Spanish exactly as it does in English; it tells people what happened.

2 As with the other tenses you already know, the ending of the verb is very important, because this is what tells you who is doing, or in the case of the preterite, who *did*, the action of the verb.
Look at this verb:

compré	I bought
compraste	you bought
compró	he, she or **Usted** bought
compramos	we bought
comprasteis	you bought
compraron	they or **Ustedes** bought

You already know that **comprar** in the infinitive ends in **-ar**.

Look at the passage below. How many examples can you find of **-ar** verbs being used in the preterite? For each one, can you say who did it and what they did?

El otro día fui al centro con mi amigo Raúl. Como siempre, compró un disco nuevo y después me invitó a tomar algo en el bar. Más tarde, decidimos ir a una discoteca nueva en un pueblo no muy lejos. Invitamos también a Montse, una amiga. Lo pasé muy bien en la discoteca. Bailé con la hermana de Raúl; es una chica muy simpática. Me gusta. Salimos muy tarde de la discoteca. Yo fui a casa y Raúl y su hermana cogieron un taxi. Al día siguiente la llamé por teléfono y la pregunté
- ¿A qué hora llegasteis a casa anoche?
- A las dos - contestó. Y hoy mi padre está muy enfadado con nosotros.

A Ser Detective

3 Not all verbs end in **-ar,** of course. Look what happens when you want to use -**er** verbs like *comer,* and -**ir** verbs like *salir,* to talk about the past.

comí	salí
comiste	saliste
comió	salió
comimos	salimos
comisteis	salisteis
comieron	salieron

As you can see, they are identical, so you only need to know one set of endings for both **-er** and **-ir** verbs.

Look back at Miguel's letter on page 77. Then look at the following sentences. Make two lists, one of the sentences that are correct and another of those that are wrong. Can you correct those that are wrong?

Ejemplo:

Salió mucho con las amigas de su hermana.
Es cierto.
Pasó una semana en Madrid.
No es cierto. Pasó dos semanas en Madrid.

1 Conoció a muchos de los amigos de su hermana.
2 Fue al cine y al teatro.
3 Lo pasó bastante bien.
4 En Cambados pasó dos semanas en un hotel.
5 Cenó en casa.

Now, without looking back at the letter, can you re-write the sentences as Miguel wrote them when talking about himself?

4 Do you ever have one of those days when nothing goes right? Look at the following sentence:

Normalmente me levanto a las siete, pero *ayer* no me levanté hasta las ocho.

In this sentence the writer says what he *usually* does using the present tense, and what he did *yesterday* using the preterite.

Can you put *normalmente* and *ayer* in the correct places in these sentences?

1 Los jueves .... tenemos clase de gimnasia pero .... salimos a jugar al tenis. No me gusta el tenis.
Lo detesto.

2 .... vi a Jaime por la tarde.
.... no le veo en Santander durante la semana.
3 .... fuimos al cine en el centro.
.... vamos al otro cerca de la estación.
Vimos una película muy mala.
4 .... vuelve a casa en autobús pero .... decidió volver a pie, ¡y empezó a llover!

133

A Ser Detective

¿Qué quieres hacer?

Adverbs

1 These three sentences contain three words which have something in common. Can you see which they are, and how they are made?

> Los días pasan muy lentamente.

> Seguramente vamos a ir a Santander.

> Francamente me gustaría ir al cine.

Lentamente, *seguramente* and *francamente* have English equivalents with the letters '-ly' at the end: 'slowly', 'surely' and 'frankly'. They are formed by taking the adjective (*lento* = 'slow', *seguro* = 'sure', *franco* = 'frank'), changing the **-o** to **-a**, and adding **-mente**.

These words are *adverbs*. Adverbs help you to make your sentences more interesting by adding to the description of actions, *adding* to *verbs*.

Ejemplo:

El autobús va muy lentamente.

Show that you can make and use adverbs of this type in the following exercise by changing the adjective in bold in the first sentence into an adverb and putting it into the second sentence.

Ejemplo:

Es **seguro** que vamos a la discoteca.

Seguramente te va a gustar

1 El parque de atracciones es estupendo.
  Vamos a pasarlo..........................allí.
2 Estoy cierto que te va a gustar la película
  .... es una película fenomenal.

3 El español parece un idioma rápido.
  Los españoles parecen hablar
  muy ....
4 Los profesores ingleses no son muy estrictos.
  ¡Pero nos hacen seguir las reglas
  ....!
5 Mi corresponsal es una persona de habla lenta.
  ¡Menos mal que habla tan ....!
6 En la clase los jóvenes españoles son atentos.
  Escuchan ....
7 Mi amiga española es muy cariñosa con sus animales domésticos.
  Los trata ....
8 Cuando trabajan, las chicas inglesas son muy cuidadosas. Trabajan muy ....

2 There are some more adverbs in the next sentences. Can you see how they differ from the ones we have met so far?

> Probablemente voy a jugar en el equipo juvenil.

> Finalmente te toca a ti.

> Podemos ir allí fácilmente.

When an adjective does not end in an **-o** in its masculine singular form, you make it into an adverb simply by adding **-mente** without changing anything.

Posiblemente, *probablemente* and *seguramente* enable you to say whether you will possibly, probably or most likely do things.

Ask your partner the questions below. He or she must give one of these answers: *seguramente*, *probablemente* or *no*.

1 ¿Vas a salir con tus amigos esta noche?
2 ¿Mañana vas a llegar puntualmente al colegio?
3 ¿Vas a casarte antes de los veintidós años?
4 ¿Vas a ir a España el año que viene?
5 ¿Vas a hacer tus deberes esta noche?
6 ¿Vas a ir de vacaciones con tus padres este año?
7 ¿Vas a trabajar en una tienda este fin de semana?
8 ¿Vas a acostarte antes de las once esta noche?
9 ¿Vas a aprobar tus exámenes fácilmente?
10 ¿Vas a escuchar la radio esta noche?
11 Cuando tengas treinta años, ¿vas a ganar mucho dinero?
12 ¿Vas a hacerme unas preguntas en español?
13 ¿Vas a ver la televisión esta tarde?
14 ¿Vas a jugar al fútbol mañana?
15 Cuando tengas veinte años, ¿vas a vivir en esta ciudad?
16 ¿Vas a ir de compras el sábado?

3 Not all adverbs end in **-mente**. There are three more in the following 3 sentences which don't have **-mente**. Can you spot them?

Me interesa poco jugar al baloncesto.

No me gusta mucho el chocolate.

Me gustan muchísimo los animales.

Mucho ('much', 'a lot'), *poco* ('little', 'not much') and *muchísimo* ('very much') are adverbs. With them you can say how much or how little you like certain things.

Read the following list of activities and say whether you like them a little, a lot or very much.

Ejemplo:
Me gusta mucho jugar al tenis.

1 jugar al tenis
2 estudiar el español
3 ir de compras
4 jugar al fútbol
5 comer ajo
6 estudiar las matemáticas
7 beber Coca-Cola
8 levantarme a las seis de la mañana
9 hacer footing
10 ir a la discoteca
11 jugar al baloncesto
12 ir al parque de atracciones
13 comer tortillas
14 acostarme a las nueve de la tarde
15 ver la televisión
16 escuchar música clásica
17 jugar al baloncesto
18 estudiar el inglés
19 hablar con unos amigos
20 hacer las camas

4 Certain adverbs enable you to say how often you do things. What do you think *una o dos veces* means in the following sentence?

Voy a la discoteca una o dos veces al mes.

Una vez means 'one time' ('once'). So *dos veces* mean 'twice'. Can you say what the adverbs mean in the following sentences?

Una vez a la semana hacemos deportes.
Dos veces a la semana tengo clase de español.
Salgo rara vez con mis padres.
De vez en cuando voy al museo.
A veces escucho música del Caribe.
Algunas veces vamos a esquiar a los Picos de Europa.
Muchas veces salgo a la discoteca.
Rara vez means 'rarely'.
A veces and *algunas veces* mean 'sometimes'.
Muchas veces and *a menudo* mean 'often'.
De vez en cuando means 'from time to time'.

5 Write five headings: *nunca* ('never'), *rara vez*, *de vez en cuando*, *algunas veces* and *muchas veces*. Then list these activities under the heading which is most appropriate for you:

1 Voy al cine.
2 Voy a los toros.
3 Nado en el mar.
4 Voy a esquiar a las montañas.
5 Bailo en la discoteca.
6 Juego al baloncesto.
7 Nado en la piscina.
8 Voy al museo.
9 Me duermo en la clase de español.
10 Voy a conciertos de música popular.
11 Voy de vacaciones con mi familia.
12 Voy al club para jóvenes.
13 Escucho mis discos.
14 Voy a la bolera.
15 Salgo con mis amigos.
16 Me levanto antes de las ocho.

6 You can also use adverbs to give more precise meanings to adjectives. Can you spot three adverbs doing this job in these sentences?

La película es muy divertida.

Santillana es un pueblo bastante pequeño.

La Costa Cantábrica no está demasiado lejos.

Muy ('very'), *bastante* ('quite') and *demasiado* ('too') are adverbs.

7 Do you agree or disagree with the following eight statements? If you agree, write *de acuerdo*; if you disagree, write *¡Qué va!* ('What nonsense!').

1 Los chicos de hoy son demasiado libres.
2 El español es bastante fácil.
3 Viajar en avión es demasiado caro.
4 Severiano Ballesteros juega muy bien al golf.
5 La historia es bastante interesante.
6 La informática es muy útil.
7 En mi colegio los profesores son demasiado estrictos.
8 Las películas de horror son muy divertidas.

8 Finally, two words that help you to say whether you do things well or badly:

Lo que hago bien es la mecanografía.

Al tenis juego mal.

Did you spot them? They are the two adverbs *bien* ('well') and *mal* ('badly').

Draw up two charts like these, one for school subjects (*asignaturas*) and the other for sports and games (*deportes y juegos*).

asignaturas		
hago bien	hago bastante bien	hago bastante mal

deportes y juegos		
juego bien al	juego bastante bien al	juego bastante mal al

A Ser Detective

Choose from these lists of subjects and sports:

asignaturas	deportes y juegos
el alemán	ajedrez
la biología	fútbol
el dibujo	badminton
la educación física	golf
el español	baloncesto
la física	hockey
el francés	balonmano
la geografía	rounders
la gimnasia	béisbol
la historia	rugby
la informática	billar
el inglés	snooker
el latín	cricket
las matemáticas	voleibol
la mecanografía	
la música	
la religión	
la tecnología	
los trabajos manuales	

UNIDAD 9 · El medio ambiente

Se puede ..., se prohibe ...

1 - *¿Qué se puede hacer por el medio ambiente?*
- *Bueno, se puede usar menos gasolina. No se debe tirar botellas y papel pero se debe reciclar muchas cosas.*

Se is used here to refer to 'you', 'we'.

¿Qué se puede hacer?	What should we do?
No se debe tirar botellas.	You shouldn't throw bottles away.

It is often used in instructions which are going to be used by everyone who reads them.

No se puede entrar en este laboratorio.

En esta cafetería se habla inglés, francés y español.

No se puede fumar en este autobús.
Ruega is from *rogar*, the verb to request.

Se ruega no fumar.
no se puede = se prohibe
se puede = se permite

In these cases you are most likely to translate the *se* by 'is done'
e.g. *Se habla inglés*. 'English (is) spoken'.
Se prohibe fumar. 'Smoking is banned' (not allowed).

Look at the sentences below and decide which are true or false and change the ones that are incorrect.

1 Se habla francés en la Cafetería Sol.
2 Se ruega entrar en el laboratorio.
3 Se prohibe fumar en el autobús.
4 No se permite entrar en el laboratorio.
5 Se puede hablar inglés en la cafetería.
6 Se permite fumar en el autobús.

2 Here are some instructions and information about things to do in London. They were sent by an English school to a Spanish school with which they are organising an exchange.

En Londres se puede visitar muchos monumentos de interés, por ejemplo Buckingham Palace. Pero para ir no se puede coger un autobús. No se permite a los autobuses bajar por el Mall. Se baja en la Plaza de Trafalgar y tienes que ir a pie por el Mall. Para visitar Westminster Abbey, sí se puede coger un autobús hasta Parliament Square y se baja cerca del Abbey. Se prohibe entrar en el Abbey si hay un servicio, pero se puede entrar en el Museo Británico durante todo el día. Se puede pasar muchas horas allí. Pero, como en todos los museos y galerías de arte, se prohibe fumar y se ruega no sacar fotos.

1 What is the problem about getting to Buckingham Palace?
2 How do you get there according to the extract?
3 What are you told about getting into Westminster Abbey?
4 What three good reasons are given for going to Westminster Abbey?
5 What two things are not allowed in the museum?

3 Some Spanish people are coming to your town on an exchange visit. You have been asked to write a brochure in Spanish to tell them something about places of interest in the town.

Here is an outline to help you. Fill in the gaps with verbs (from the list at the end) and replace the words in brackets with similar words or phrases to describe your town.

Ejemplo:

If the best place in your town is the museum, you would complete and change the first sentence like this:

En **Newtown *se puede*** visitar **el museo**.

En (York) .... visitar (la catedral).
.... un autobús turístico y
.... en los sitios de interés. Por la
tarde .... ir (a un museo) o a un 'pub'
o una cafetería.

se puede	se puede
se coge	se baja

4 Make some Spanish notices to put in or outside your classroom. Use these words to make the largest possible number of sensible notices. You can use each word more than once. You can also make several notices meaning the same thing. See who can get the most. When you are sure that they are correct, write them out neatly for them to be displayed.

español	No	entrar	hablar
se permite	inglés	se puede	
francés	hablar	se prohibe	
se ruega	fumar	se habla	

You could also write some signs to encourage the class to be more environmentally aware in the classroom.

Se ruega apagar las luces después de la clase.

En la estación de servicio

Requests

1 It is very useful to be able to ask people to do things! Here are some examples; can you see what two things the three verbs have in common?

> *Llene el depósito.*

> *Mire el agua.*

> *Limpie el parabrisas.*

All three verbs end in **-e** and they all come from **-ar** verbs: **llenar** ('to fill'), **mirar** ('to look at') and **limpiar** ('to clean').

To make a request of someone you don't know well, take the **yo** part of the present tense of the **-ar** verb and change the final **-o** to **-e.**

Ejemplo:

Repar o (*from* **reparar**) el parabrisas.
I repair the windscreen.
Repar e el parabrisas.
Repair the windscreen.

Show you can do this by making requests with these verbs:

1 Mirar la batería
2 Pasar por Ribadesella
3 Cambiar el aceite
4 Dejar mucho tiempo
5 Estacionar delante del banco
6 Tomar la segunda calle

Be careful with stem- or radical-changing verbs:

Comprobar el agua. **Compruebe** el agua, por favor.

2 Here are some more radical-changing verbs. Can you change them into requests?

Contar el cambio
Probar los zapatos
Mostrar el problema

139

A Ser Detective

3 Now here are some requests using **-er** and **-ir** verbs *poner, hacer, volver, subir* and *pedir*. Can you see what they all have in common?

> *Suba esta calle.*

> *Ponga un litro de aceite.*

> *Haga el favor de limpiar el parabrisas.*

> *Vuelva al centro.*

> *Pida la llave a la cajera.*

They have all changed the final **-o** of the *yo* part of the present tense to **-a**.

Show you can do this by making requests using **-er** and **-ir** verbs.

Ejemplo:
Hay que subir la escalera.
You have to go upstairs.
¡Suba la escalera!
Go upstairs!

Be careful to check for extra spelling changes, as in:
Hay que tener cuidado! 'Be careful!' (from *tengo*).
1 Hay que volver a la autopista.
2 Hay que poner medio litro de aceite.
3 Hay que pedir un nuevo parabrisas en el garaje.
4 Hay que hacer las camas.
5 Hay que escribir al jefe.

There is one notable exception:
Vaya al final de la calle.
'Go to the end of the street'.
Which verb does *vaya* come from?

4 Now look at these examples. Can you see two things they have in common?

> *¡Llénelo!*

> *¡Compruébelo!*

They both have **-lo** on the end, and they both have an accent. The pronouns *lo* and *la* are placed at the end of requests and the verb then needs an accent on the vowel which had the stress before the *lo* or *la* was added (*llene, compruebe*).

Change the following verbs into requests, adding the pronouns *lo* or *la* onto the end, depending on whether the nouns they are replacing are masculine or feminine.

Ejemplo:
- ¿Miro el aceite?
Shall I look at the oil?
- Sí, mírelo, por favor.
Yes, look at it, please.

1 ¿Lleno el depósito?
2 ¿Compruebo la batería?
3 ¿Cambio el agua?
4 ¿Reparo el neumático?
5 ¿Pongo aceite en el motor?
6 ¿Limpio el parabrisas?

5 The following requests have an **-n** at the end. Why do you think this is?

> *Pasen por San Vicente.*

> *Tomen la N-621.*

These are polite plural requests. If you are asking more than one person you don't know well to do something, you add an **-n**.

A Ser Detective

Show you can do this by changing the following verbs.

Ejemplo:

¿Podemos tomar la autopista?

Sí, tomen la autopista.

1 ¿Podemos comprar el mapa aquí?

2 ¿Podemos hablar con el director?

3 ¿Podemos esperar aquí?

4 ¿Podemos tomar el autobús?

5 ¿Podemos volver a las seis?

6 ¿Podemos subir a la oficina?

7 ¿Podemos hacer un cambio de aceite?

8 ¿Podemos poner aire en los neumáticos?

Tener que

1 You have already seen a number of examples of **tener que** in previous **unidades**:

> *Tengo que hacer las camas.*

> *No tengo que hacer nada.*

> *Tengo que lavar los platos.*

'To have to...' is translated almost literally as **tener que** ...

Answer the following questions. ¿Verdad o mentira?

1 En Inglaterra los conductores tienen que conducir a la derecha.

2 En Australia tienen que votar en las elecciones.

3 En España tienes que llevar un documento de identidad.

4 Si vas a un colegio español, tienes que ir los sábados.

5 En nuestro colegio tenemos que estudiar el inglés.

6 En nuestra clase el profesor tiene que trabajar mucho.

2 If you were to make up some rules or resolutions for yourself and others to follow to protect the environment what would you recommend?

Ejemplo:

Los hombres políticos tienen que cambiar las leyes.

Tenemos que reciclar basura doméstica.

Tengo que comprar productos verdes.

Tengo hambre, tengo sed

1 Look at these examples. What do they have in common?

Tengo hambre

Tienen sueño

Tenemos frío

Tiene prisa

Tienes sed

Tenéis calor

A Ser Detective

They are all about feeling uncomfortable (even being in a hurry is not pleasant) and they all use part of the verb **tener** with a noun.
Here is the list:

tener (mucha) hambre	to be (very) hungry
tener (mucha) sed	to be (very) thirsty
tener (mucha) prisa	to be in a (great) hurry
tener (mucho) frío	to be (very) cold
tener (mucho) calor	to be (very) hot
tener (mucho) sueño	to be (very) sleepy

2 Choose one of these illustrations and ask your partner whether he or she is uncomfortable.

Ejemplo:

¿Tienes frío?

No, no tengo frío.
¡Tengo mucho calor!

143

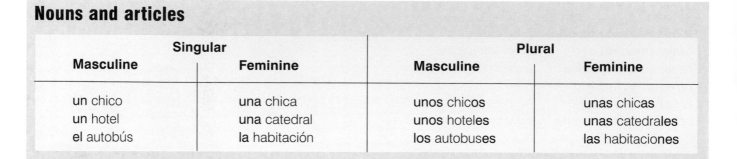

GRAMMAR SUMMARY

Nouns and articles

Singular		Plural	
Masculine	**Feminine**	**Masculine**	**Feminine**
un chico	una chica	unos chicos	unas chicas
un hotel	una catedral	unos hoteles	unas catedrales
el autobús	la habitación	los autobuses	las habitaciones

Adjectives

Singular		Plural	
Masculine	**Feminine**	**Masculine**	**Feminine**
1 Masculine ending in -o			
un libro rojo	una chaqueta roja	unos libros rojos	unas chaquetas rojas
2 Masculine ending in any other letter but -o			
un bolso verde	una blusa verde	unos bolsos verdes	unas blusas verdes
un abrigo azul	una casa azul	unos abrigos azules	unas casas azules
3 Adjectives of nationality not ending in -o			
un chico inglés	una chica inglesa	unos chicos ingleses	unas chicas inglesas
un señor español	una señora española	unos señores españoles	unas señoras espanolas

LO + ADJECTIVE

Lo + adjective translates 'The ... thing', for example:

Lo bueno es que ...   The good thing is that ...

POSSESSIVE ADJECTIVES (MY, YOUR, HIS, ETC)

Possessive adjectives agree with the noun they describe, for example:

mi hermano
mis hermanos

In the second case the noun **hermano** is in the plural and therefore **mi** must change to **mis**.

	Singular		Plural	
	Masc.	**Fem.**	**Masc.**	**Fem.**
my	mi	mi	mis	mis
your (familiar)	tu	tu	tus	tus
his, her, its, your (formal)	su	su	sus	sus
our	nuestro	nuestra	nuestros	nuestras
your (familiar)	vuestro	vuestra	vuestros	vuestras
their, your (formal)	su	su	sus	sus

MORE ADJECTIVES: THIS, THESE

Singular		Plural	
Masc.	**Fem.**	**Masc.**	**Fem.**
est**e** chico	est**a** chica	est**os** chicos	est**as** chicas

COMPARATIVE ADJECTIVES

Mas + adjective + **que** means 'more ... than', for example:

> La historia es más interesante que la geografia.
>
> History is more interesting than geography.

Menos + adjective + **que** means 'less ... than' (often translated as 'not as ... as'), for example:

> Las matemáticas son menos difíciles que el inglés.
>
> Maths are not as difficult as English.

Adverbs

Adverbs in Spanish are usually formed by adding -**mente** to the adjective, for example:

> fácil > fácil**mente**
>
> posible > posible**mente**

However, when the Spanish adjective ends in -**o**, you must make it feminine before adding -**mente**, for example:

> rápido > rápid**a** > rápida**mente**

Some adverbs do not end in -**mente**:

mucho	a lot
poco	a little
bien	well
mal	badly
rara vez	rarely
muchas veces a menudo }	often
algunas veces a veces }	sometimes
nunca	never

Some adverbs give a more precise meaning to adjectives:

bastante bueno	quite good
muy interesante	very interesting
demasiado caro	too expensive

Verbs

PRESENT TENSE

	Regular verbs			Radical-changing verbs		
	hablar	**comer**	**vivir**	**preferir(ie)**	**poder(ue)**	**servir(i)**
I	hablo	como	vivo	pref**ie**ro	p**ue**do	s**ir**vo
you (familiar)	hablas	comes	vives	pref**ie**res	p**ue**des	s**ir**ves
he, she, it, you (formal)	habla	come	vive	pref**ie**re	p**ue**de	s**ir**ve
we	hablamos	comemos	vivimos	preferimos	podemos	servimos
you (familiar, plural)	habláis	coméis	vivís	preferís	podéis	servís
they, you (formal, plural)	hablan	comen	viven	pref**ie**ren	p**ue**den	s**ir**ven

IRREGULAR VERBS

ser	tener	ir	estar	hacer
soy	tengo	voy	estoy	hago
eres	tienes	vas	estás	haces
es	tiene	va	está	hace
somos	tenemos	vamos	estamos	hacemos
sois	tenéis	vais	estáis	hacéis
son	tienen	van	están	hacen

SER AND ESTAR

There are two verbs meaning to be: **ser** and **estar**. **Ser** is used to describe the permanent characteristics of a person, place or thing, for example.

nationality	**Soy** inglés.
size	**Es** grande.
colour	**Son** rojos.
temperament	**Es** una chica muy seria.
occupation	**Soy** alumna.

Estar is used to refer to the position of a person, place or thing, for example:

> Madrid **está** en España.
> **Estoy** aqui.

GUSTAR

When the thing or person liked is singular you use **gusta** in the present:

> Me gusta el cine.

When they are plural you use **gustan:**

> ¿Te gustan las patatas fritas?

To say what you like doing you use **gusta** followed by an infinitive:

> Me gusta bailar.

PRETERITE OF REGULAR VERBS

The preterite is used to describe what you did or what happened, for example:

I bought; he ate; you went out.

comprar	comer	salir
compré	comi	sali
compraste	comiste	saliste
compró	comió	salió
compramos	comimos	salimos
comprasteis	comisteis	salisteis
compraron	comieron	salieron

PRETERITE OF IR AND HACER

These verbs require different endings. Note that there are no accents with these verbs.

ir	hacer
fui	hice
fuiste	hiciste
fue	hizo
fuimos	hicimos
fuisteis	hicisteis
fueron	hicieron

VOY A + INFINITIVE

The easiest and most common way of saying what someone is going to do is to use the verb **ir** + **a** + infinitive, for example:

> ¿Qué **vas a** hacer mañana?
> **Voy a** jugar al tenis.

GIVING COMMANDS AND INSTRUCTIONS

To give an instruction to a person or persons whom you do not know well, take the -**o** off the **yo** part of the present tense and add these endings:

	-*ar* verbs	-*er* or -*ir* verbs
singular	-*e*	-*a*
plural	-*en*	-*an*

This works for all regular and radical-changing verbs and most irregular verbs, for example:

Miro	¡Mire!
Vuelvo	¡Vuelva!
Subo	¡Suba!
Tengo cuidado	¡Tengan cuidado!

The most common exception is:

Voy	¡Vaya!

IDIOMS WITH *TENER*

You have met the following:

tener que	to have to
tener hambre	to be hungry
tener sed	to be thirsty
tener prisa	to be in a hurry
tener calor	to feel hot
tener frío	to feel cold
tener sueño	to be sleepy

INTERROGATIVES

To make a statement into a question, simply add question marks, for example:

Hay un banco por aqui.
¿Hay un banco por aqui?

Here is a list of question words. Note that all require accents.

¿Cuánto(s)?	How much? How many?
¿Cuándo?	When?
¿Dónde?	Where?
¿Cómo?	How? What … like?
¿Por qué?	Why?
¿Quién?	Who?
¿Qué?	What? Which?
¿Cuál?	Which one?

¿Cuánto es el neumático?	How much is the tyre?
¿Cómo es el coche?	What is the car like?

If the question word is used with prepositions (such as 'from', 'of', 'to', 'for', 'by' and 'with'), the preposition goes in front of the question word, for example:

¿Con quién vas?	Who are you going with?
¿De qué se hace?	What is it made of?
¿De dónde eres?	Where are you from?

In the case of **¿adónde?** the two words are joined together:

¿Adónde vas hoy?

Pronouns

SUBJECT PRONOUNS

yo	I
tú	you (familiar)
él	he
ella	she
usted (Vd.)	you (formal)
nosotros/as	we
vosotros/as	you (familiar plural)
ellos	they (masculine)
ellas	they (feminine)
ustedes (Vds.)	you (formal, plural)

The subject pronoun is not often used in Spanish (except in the case of **usted/ustedes**) because the verb ending normally indicates the subject of the verb. However, it can be used for emphasis or to avoid ambiguity.

Tú and *usted* (*Vd.*)

There are four ways of saying 'you' in Spanish. The *tú* and *vosotros/as* forms are used with people you know well and young people. **Usted** and **ustedes** are used with strangers and people to whom you must show respect.

	Singular	Plural
Familiar		
	(Tú) vives en Madrid	(Vosotros) vivís en Madrid
Formal		
	(Usted) vive en Madrid	(Ustedes) viven en Madrid

147

Usted requires the 'he/she' form of the verb and, likewise, **ustedes** requires the 'they' form of the verb.

Usted and **ustedes** also require the reflexive pronoun and the possessive adjectives used with the 'he/she' and 'they' forms of the verb, for example:

> ¿Se levanta usted temprano?
> ¿Tienen sus billetes, por favor?

Usted and **ustedes** are often shortened to **Vd**. and **Vds**. in the written form, for example:

> ¿Tiene Vd. su pasaporte?
> ¿De dónde vienen Vds.?

DIRECT OBJECT PRONOUNS

me	me
te	you (familiar)
le	him
lo	it (masculine)
la	her, it (feminine)
le	you (formal)
nos	us
os	you (familiar, plural)
les	them (masc. people)
los	them (masc. things)
las	them (fem. people & things)
les	you (formal, plural)

INDIRECT OBJECT PRONOUNS

me	to/for me
te	to/for you (familiar)
le	to/for him, her, you (formal)
nos	to/for us
os	to/for you (familiar, plural)
les	to/for them, you (formal, plural)

REFLEXIVE PRONOUNS

me lavo	I wash myself (I have a wash)
te lavas	you wash yourself
se lava	he/she/it washes himself/herself/itself
se lava	you wash yourself (formal)
nos lavamos	we wash ourselves
os laváis	you wash yourselves
se lavan	they wash themselves
se lavan	you wash yourselves (formal)

IMPERSONAL SE

Se is often used to convey the idea of 'one' or 'you'/'we' in a general sense, for example:

> Se prohibe aparcar aqui.
> You are not allowed to park here.
> Se debe usar menos agua.
> We should use less water.
> No se puede fumar en el metro.
> You can't smoke on the Underground.

On other occasions it is best translated by saying something 'is done', for example:

> Se habla inglés.
> English (is) spoken.
> Se venden recuerdos aquí.
> Souvenirs (are) sold here.

POSITION OF OBJECT AND REFLEXIVE PRONOUNS

Object and reflexive pronouns normally come immediately before the verb, for example:

Te doy un regalo.	*El chico la visita.*
Yo no lo bebo.	*Mi amigo se llama Juan.*

This means that, as you can see, they come immediately before the verb, following the subject and the negative **no**.

But if the verb is an infinitive, the direct object pronoun is added to it:

¿Mi bolsa? Tengo que dejarla aqui.

- ¿Se puede escuchar los discos?

- Sí, señor, usted puede escucharlos.

Direct object pronouns, indirect object pronouns and reflexive pronouns are added to the end of the positive command. You need to add an accent to the vowel which was stressed before the pronoun was added:

¡Llénelo! ¡Hábleme! ¡Siéntense!

PRONOUNS FOLLOWED BY A PREPOSITION (OR DISJUNCTIVE PRONOUNS)

The pattern is as follows:

para mí	for me
sin ti	without your
delante de él/ella	in front of him/her
enfrente de usted	opposite you
al lado de nosotros/as	beside us
cerca de vosotros/as	near you
lejos de ellos/ellas	far from them
con ustedes	with you

But when you can use **con**, remember:

conmigo	with me
contigo	with you

149

Spanish	English
A	
a veces	at times
abajo	downstairs, below
el abrazo	love (in correspondence)
aburrido	bored
aburrirse	to get bored
el aceite	oil
acostarse	to go to bed
acuático: deportes acuáticos	water sports
de acuerdo	agreed
¿adónde?	where ... ?
el aeropuerto	airport
agradable	pleasant
ahora	now
el aire	air
el aire acondicionado	air conditioning
el ajedrez	chess
el albergue juvenil	youth hostel
el alemán	German
la alfombra	rug, carpet
algunos(as)	some
allí	there
el alpinismo	climbing
alquilar	to hire
el alumno	pupil
el año	year
de antemano	in advance
antiguo	old
el anuncio	advertisement
apagar	to put out
el aparcamiento	parking
el apartamento	flat
apuntar	to note down
aquí	here
el árbol	tree
el armario	wardrobe
el arte	art
el ascensor	lift
el aseo	toilet
la asignatura	subject
atentamente suyo	yours faithfully
atmosférico	atmospheric
las atracciones	amusements
el aula	classroom
el autobús	bus
el autocar	coach
la autopista	motorway
avanzar	to go forward
el avión	plane

Spanish	English
B	
bailar	to dance
el balcón	balcony
el baloncesto	basketball
bañarse	to have a bath, to bathe
el baño	bath (room)
el barco	boat, ship
la basura	rubbish
el basurero	rubbish bin
la batería	battery, drums
el béisbol	baseball
la biblioteca	library
dar bien	to do well at
la biología	biology
bloqueado	blocked
la bolera	bowling alley
los bolos	bowls
bonito	pretty, attractive
buen tiempo: hacer buen tiempo	to be fine (weather)
la butaca	armchair
C	
el cacao	cocoa
cada	each
la caída de piedras	rock fall
la calefacción central	central heating
calor: hacer calor	to be hot (weather)
tener calor	(to be/feel) hot
la cama	bed
cariñosamente	affectionately
caro	dear, expensive
la carretera	road
la casa	house
el casino	casino
la caza	hunting
cenar	to have dinner
la central nuclear	nuclear power station
céntrico	central
cerrar	to close
las ciencias	sciences
por cierto	certainly
la cinta	tape
el circo	circus
la cisterna del baño	toilet
la ciudad	city
la cocina	kitchen, cookery
el colegio	school
el comercio	business studies
como	as, like

¿cómo?	how?
cómodo	comfortable
comparar	to compare
ir de compras	to go shopping
comprobar	to check
confirmar	to confirm
contaminar	to contaminate
contestar	to reply
el corazón	heart
el correo electrónico	electronic mail
el corresponsal	penfriend
la corrida	bullfight
¿cuál?	which?
cuando	when
¿cuándo?	when?
¿cuánto?	how much?
¿cuántos?	how many?
el cuarto de baño	bathroom
la cueva	cave

CH

charlar	to chat
el chiste	joke

D

el dado	dice
dar un paseo	to go for a walk
dar bien	to do well at
los datos informativos	data, information
deber	to have to
los deberes	homework
decir	to say
dedicarse	to spend one's time
los deportes	sports
deportista	sporting
desayunar	to have breakfast
el desayuno	breakfast
descansar	to rest
los deshechos	waste
despejado	clear
despertarse	to wake up
el desvío	detour
detestar	to detest
el dibujo	drawing, art
los dientes	teeth
difícil	difficult
divertirse	to enjoy oneself
doble	double
donde	where
¿dónde?	where?
el dormitorio	bedroom

las drogas	drugs
la ducha	shower
ducharse	to have a shower
durante	during
durar	to last

E

echar una mano	to lend a hand
la ecología	ecology
emparejar	to pair up
empezar	to begin
encantar	to like very much
encontrar(se)	to meet
la energía nuclear	nuclear energy
la entrada	entrance
la entrevista	interview
enviar	to send
la escalera	stairs
esquiar	to ski
la estación	station, season
este	east
el estéreo	stereo
Estimado señor:	Dear Sir,
la estrella	star
el estudiante	student
estudiar	to study
el examen	exam
la excursión	trip
ir de excursión	to go on a trip
extranjero	foreign
al extranjero	abroad

F

la fábrica	factory
fácil	easy
las facilidades	facilities
feo	ugly
el fin de semana	weekend
la física	physics
el folleto	brochure, leaflet
el francés	French
la frase	sentence
frío: hacer frío	to be cold (weather)
tener frío	to be/feel cold
funcionar	to work (of machine)

G

la galleta	biscuit
el gasoil	diesel
la gasolina	petrol
gastar	to spend/waste
la geografía	geography

151

la gimnasia	gymnastics
el gimnasio	gymnasium

H

la habitación	room
los habitantes	inhabitants
hacer buen tiempo	to be fine (weather)
hacer calor	to be hot (weather)
hacer camping	to go camping
hacer frío	to be cold (weather)
hacer mal tiempo	to be bad (weather)
hacer sol	to be sunny (weather)
hacer viento	to be windy (weather)
hambre: tener hambre	to be hungry
hasta pronto	to see you soon
hermoso	pretty
el hielo	ice
la historia	history
histórico	historical
el horario	timetable
el hostal	boarding house
el hotel	hotel

I

la iglesia	church
el incendio	fire
incómodo	uncomfortable
la industria	industry
industrial	industrial
la información	information
la informática	information technology
el inglés	English
insuficiente	inadequate
interesante	interesting
las inundaciones	floods
ir de compras	to go shopping
ir de excursión	to go on a trip
la isla	island

J

el jabón	soap
el jardín	garden
joven	young
los jóvenes	young people

L

el laboratorio	laboratory
la lámpara	lamp
la lata	can
el latín	Latin
la lavadora	washing machine

el lavaplatos	dishwasher
lavarse (la cara)	to wash (your face)
la lengua (española)	(Spanish) language
las lenguas	languages
levantarse	to get up
libre	free
la librería	bookshop
limpio	clean
la luz	light

LL

la llave	key
la llegada	arrival
llegar	to arrive
llenar	to fill up
llover	to rain
la lluvia ácida	acid rain

M

la madera	wood
mal	badly
mal tiempo: hacer mal tiempo	to be bad weather
mandar	to send
la marea	tide
la marea negra	oil slick
el marinero	sailor
el marisco	seafood
más ... que	more ... than
las matemáticas	maths
matinales	morning (adj)
la mecanografía	typing
los medicamentos	medicines
el medio ambiente	the environment
mejor	better
menor ... que	less ... than
mentira	lie, untrue
merendar	to have a picnic
el mes	month
la mesa	table
el metro	the underground
miedo: tener miedo	to be afraid
el miembro	member
mismo	same
moderno	modern
la montaña	mountain
mundial	world (adj)
el mundo	world
la música	music
Muy señor mío:	Dear Sir,

152

N

nadar	to swim
la neblina	mist
necesitar	to need
el neumático	tyre
nevar	to snow
la nevera	fridge
la niebla	fog
la niebla tóxica	smog
la nieve	snow
la noche	night
normalmente	normally
norte	north
Noruega	Norway
notable	very good (mark)
nublado	cloudy
nunca	never

O

las obras	road works
oeste	west
la oficina	office
en orden	in order
la organización verde	green organization/ environmental pressure group
el otoño	autumn

P

el país	country
la palabra	word
el papel	paper, role
el papel higiénico	toilet paper
el parabrisas	windscreen
parecer	to seem
los parientes	relatives
pasarlo bien	to have a good time
el pasatiempo	pastime
el pasillo	corridor
patinar	to skate
el patio	patio, playground
pedir	to ask for
la película	film
el peligro	danger
peligroso	dangerous
peor	worse
perder	to lose
la pesca	fishing
pesquero	fishing (adj)
la piña	pineapple
el pinchazo	puncture
la piscina climatizada	heated swimming pool

el piso	flat, floor
la pista de hielo	ice skating rink
el plano	plan
el plomo	lead
sin plomo	unleaded
pocas veces	rarely
poder	to be able
la poesía	poem
el polideportivo	sports centre
la polución atmosférica	air pollution
poner	to put, to put on
poner la mesa	to set the table
por cierto	certainly
porque	because
¿por qué?	why?
posiblemente	possibly
practicar	to practise, to do (sport)
preferido	favourite
primer(o/a)	first
la primavera	spring
los productos químicos	chemicals
el profesor	teacher
progresivamente	gradually
el pronóstico	weather forecast
el pueblo	town
el punto	point

Q

que	that, than
¿qué?	what?, which?
¡qué ...!	how ... !
quedarse	to stay
quemarse	to burn
la química	chemistry
quisiera	I would like

R

rara vez	rarely
la razón	reason
reciclar	to recycle
recomendar	to recommend
el recreo	break, recreation
el recuerdo	souvenir
recuerdos	best wishes
la religión	religion
reservar	to reserve
los residuos radioactivos	radioactive waste
la respuesta	reply
el retrete	toilet

153

retroceder	to go back
la revista	magazine
el río	river
rogar	to ask
roto	broken
el ruido	noise
ruidoso	noisy
la ruta	route
la rutina diaria	daily routine

S

saber	to know (how to)
sacar fotos	to take photos
la salida	exit
salir	to leave
el salón	lounge
el salón de juegos	games room
saludar	to greet
la sangría	drink made with wine and fruit
sé (saber)	I know
sed: tener sed	to be thirsty
las selvas tropicales	rainforests
la semana	week
sentarse	to sit down
el sepulcro	grave
siempre	always
el siglo	century
significar	to mean
la silla	chair
sin plomo	unleaded
la situación	location
sobre todo	above all
sobresaliente	excellent
el sofá	sofa
el sol	sun
el sondeo	survey
sucio	dirty
Suecia	Sweden
sueño: tener sueño	to be tired
suficiente	average (mark)
la sugerencia	suggestion
Suiza	Switzerland
la súper	4-star petrol
sur	south

T

la tableta	bar (of chocolate)
también	also
la tapa	bar snack
tarde	late

la tecnología	technology
el teléfono	telephone
la temperatura	temperature
tercer(o)	third
la terraza	terrace
el terreno de golf	golf course
el tiempo	weather
típico	typical
tirar	to throw away
la toalla	towel
todo	all, everything
todos los días	every day
tomar	to have (food and drink)
tomar el sol	to sunbathe
tonto	stupid
la tormenta	storm
la torre de conducción	pylon
trabajar	to work
los trabajos manuales	craft
el tráfico	traffic
tranquilo	quiet
el tribu	tribe
turístico	touristy

U

usar	to use
útil	useful

V

a veces	at times
el vehículo	vehicle
el verano	summer
verdad	true
¿de verdad?	really?
vestirse	to get dressed
los vestuarios	changing rooms
la vez	time
el viaje	journey
el vídeo	video
el viento	wind
vistas al mar	sea view
el voleibol	volleyball
volver	to return

Z

la zona	zone
el zoo	zoo

154

English	Spanish
A	
to be able	poder
above	arriba
above all	sobre todo
abroad	al extranjero
acid rain	lluvia ácida (f.)
in advance	de antemano
advertisement	anuncio (m.)
affectionately	cariñosamente
to be afraid	tener miedo
afternoon	tarde (f.)
agreed	de acuerdo
air	aire (m.)
air conditioning	aire acondicionado (m.)
airport	aeropuerto (m.)
all, everything	todo(s)
also	también
always	siempre
amusements	atracciones (f.pl.)
April	abril
armchair	butaca (f.)
arrival	llegada (f.)
to arrive	llegar
art	arte (m.)
as, like	como
to ask	rogar
to ask for	pedir
atmospheric	atmosférico
August	agosto
autumn	otoño (m.)
average (mark)	suficiente

B	
bad weather	mal tiempo
to be bad weather	hacer mal tiempo
badly	mal
balcony	balcón (m.)
bar (of chocolate)	tableta (f.)
bar snack	tapa (f.)
basketball	baloncesto (m.)
bath (room)	baño (m.)
to have a bath, to bathe	bañarse
bathroom	cuarto de baño (m.)
battery, drums	batería (f.)
to be fine	hacer buen tiempo
beach	playa (f.)
because	porque
bed	cama (f.)
to go to bed	acostarse

bedroom	dormitorio (m.)
to begin	empezar
below	abajo
best wishes	recuerdos
better	mejor
big	grande
bill	cuenta (f.)
biology	biología (f.)
biscuit	galleta (f.)
blocked	bloqueado
boarding house	hostal (m.)
boat, ship	barco (m.)
bookshop	librería (f.)
bored	aburrido
to get bored	aburrirse
bowling alley	bolera (f.)
bowls	bolos (m.pl.)
break, recreation	recreo (m.)
to have breakfast	desayunar
breakfast	desayuno (m.)
brochure, leaflet	folleto (m.)
broken	roto
brother	hermano (m.)
bullfight	corrida (f.)
bullring	plaza de toros (f.)
burn	quemarse
bus	autobús (m.)
business studies	comercio (m.)
but	pero
to buy	comprar

C	
to go camping	hacer camping
can	lata (f.)
casino	casino (m.)
cave	cueva (f.)
central	céntrico
central heating	calefacción central (f.)
century	siglo (m.)
certainly	por cierto
chair	silla (f.)
changing rooms	vestuarios (m.pl.)
to chat	charlar
cheap	barato
to check	comprobar
chemicals	productos químicos (m.pl.)
chemistry	química (f.)
chess	ajedrez (m.)
church	iglesia (f.)
cinema	cine (m.)

155

circus	circo (m.)
city	ciudad (f.)
classroom	aula (f.)
clean	limpio
clear	despejado
climbing	alpinismo (m.)
to close	cerrar
cloudy	nublado
coach	autocar (m.)
cocoa	cacao (m.)
cold	frío
to be cold (weather)	hacer frío
to be cold	tener frío
comfortable	cómodo
to compare	comparar
to confirm	confirmar
to contaminate	contaminar
corridor	pasillo (m.)
country	país (m.)
country(side)	campo (m.)
craft	trabajos manuales (m.pl)
cycling	ciclismo (m.)

D

daily routine	rutina diaria (f.)
to dance	bailar
danger	peligro (m.)
dangerous	peligroso
data, information	datos informativos (m.pl.)
day	día (m.)
Dear sir,	Muy señor mío:
Dear sir,	Estimado señor:
dear, expensive	caro
December	diciembre
to detest	detestar
detour	desvío (m.)
dictionary	diccionario (m.)
dice	dado (m.)
diesel	gasoil (m.)
difficult	difícil
to have dinner	cenar
dirty	sucio
disco	discoteca (f.)
to wash dishes	fregar los platos
dishwasher	lavaplatos (m.)
double	doble
downstairs, below	abajo

drawing, art	dibujo (m.)
drink (wine and fruit)	sangría (f.)
drugs	drogas (f.pl.)
during	durante

E

each	cada
east	este (m.)
easy	fácil
to eat	comer
ecology	ecología (f.)
electronic mail	correo electrónico (m.)
English	inglés (m.)
to enjoy oneself	divertirse
entrance	entrada (f.)
environment	medio ambiente (m.)
every day	todos los días (m.pl.)
exam	examen (m.)
excellent	sobresaliente
exit	salida (f.)

F

facilities	facilidades (f.pl.)
factory	fábrica (f.)
family	familia (f.)
far (from)	lejos (de)
father	padre (m.)
favourite	preferido
February	febrero
to fill up	llenar
film	película (f.)
to be fine	hacer buen tiempo
fire	incendio (m.)
fishing	pesca (f.)
fishing (adj)	pesquero
flat	piso (m.), apartamento (m.)
floor	piso (m.), planta (f.)
floods	inundaciones (f.pl.)
fog	niebla (f.)
foreign	extranjero
four-star petrol	súper (f.)
free	libre
French	francés (m.)
Friday	viernes
fridge	nevera (f.)

G

games room	salón de juegos (m.)
garden	jardín (m.)
geography	geografía (f.)
German	alemán (m.)
to get dressed	vestirse
to get up	levantarse
green organization	organización verde (f.)
to go back	retroceder
to go forward	avanzar
golf course	terreno (m.) de golf
to have a good time	pasarlo bien
gradually	progresivamente
grandfather	abuelo
grandmother	abuela
to greet	saludar
gymnasium	gimnasio (m.)
gymnastics	gimnasia (f.)

H

to have (food and drink)	tomar
to have to	deber
headteacher	director(a) (m./f.)
heart	corazón (m.)
to help	ayudar
here	aquí
to hire	alquilar
historical	histórico
history	historia (f.)
homework	deberes (m.pl.)
to be hot	tener calor
to be hot (weather)	hacer calor
hotel	hotel (m.)
house, home	casa (f.)
how ...!	¡qué...!
how?	¿cómo?
how many?	¿cuántos?
how much?	¿cuánto?
to be hungry	tener hambre
hunting	caza (f.)

I

ice	hielo (m.)
ice skating rink	pista de hielo (f.)
in order	en orden
inadequate	insuficiente
industrial	industrial

industry	industria (f.)
information	información (f.)
info. technology	informática (f.)
inhabitants	habitantes (m.pl.)
interesting	interesante
interview	entrevista (f.)
island	isla (f.)

J

January	enero
joke	chiste (m.)
journey	viaje (m.)
July	julio
June	junio

K

key	llave (f.)
kilometre	kilómetro
kitchen, cookery	cocina (f.)
I know	sé (saber)
to know (how to)	saber

L

laboratory	laboratorio (m.)
lamp	lámpara (f.)
language (Spanish)	lengua (f.) (española)
languages	lenguas (f.pl.)
to last	durar
late	tarde
Latin	latín (m.)
leaflet	folleto (m.)
to leave	salir
left	izquierda
to lend a hand	echar una mano
less ... than	menor ... que
lesson	clase (f.)
letter	carta (f.)
library	biblioteca (f.)
lie, untrue	mentira
lift	ascensor (m.)
light	luz (f.)
I would like	quisiera
to like very much	encantar
to live	vivir
location	situación (f.)
to lose	perder
lounge	salón (m.)
love (corresp.)	abrazo (m.)

M

magazine	revista (f.)
map	mapa (m.)
March	marzo
maths	matemáticas (f.pl.)
May	mayo
to mean	significar
medicines	medicamentos (m.pl.)
to meet	encontrar(se)
member	miembro (m.)
mist	neblina (f.)
modern	moderno
Monday	lunes
month	mes (m.)
more ... than	más ... que
morning (adj.)	matinales
motorway	autopista (f.)
mountain	montaña (f.)
music	música (f.)

N

near (to)	cerca (de)
to need	necesitar
never	nunca
night	noche (f.)
noise	ruido (m.)
noisy	ruidoso
normally	normalmente
north	norte (m.)
Norway	Noruega
to note down	apuntar
November	noviembre
now	ahora
nuclear energy	energía nuclear (f.)
nuclear power station	central nuclear (f.)
number	número (m.)

O

October	octubre
office	oficina (f.)
oil	aceite (m.)
oil slick	marea (f.) negra
old	antiguo

P

to pair up	emparejar
paper, role	papel (m.)
parents	padres (m.pl.)
park	parque (m.)
parking	aparcamiento (m.)
pastime	pasatiempo (m.)
patio, playground	patio (m.)
penfriend	corresponsal (m.)
petrol	gasolina (f.)
physics	física (f.)
to have a picnic	merendar
pineapple	piña (f.)
place	sitio (m.)
plan	plano (m.)
plane	avión (m.)
pleasant	agradable
poem	poesía (f.)
point	punto (m.)
pollution of the air	polución atmosférica (f.)
possibly	posiblemente
to practice, to do	practicar
pretty	hermoso
pretty, attractive	bonito
puncture	pinchazo (m.)
pupil	alumno (m.)
to put out	apagar
to put, put on	poner
pylon	torre de conducción (f.)

Q

quiet	tranquilo

R

radioactive waste	residuos radioactivos (m.pl.)
to rain	llover
rainforests	selvas tropicales (f.pl.)
rarely	pocas veces
rarely	rara vez
really?	¿de verdad?
reason	razón (f.)
to recommend	recomendar
to recycle	reciclar
relatives	parientes (m.pl.)
religion	religión (f.)
to reply	contestar
reply	respuesta (f.)
to reserve	reservar
to rest	descansar
to return	volver
river	río (m.)
road	carretera (f.)
road works	obras (f.pl.)
rock fall	caída de piedras (f.)
room	habitación (f.)
route	ruta (f.)

rubbish	basura (f.)		student	estudiante (m.)
rubbish bin	basurero (m.)		to study	estudiar
rug, carpet	alfombra (f.)		stupid	tonto
			subject	asignatura (f.)
S			suggestion	sugerencia (f.)
			summer	verano (m.)
sailing	vela (f.)		sun	sol (m.)
sailor	marinero (m.)		to sunbathe	tomar el sol
same	mismo		Sunday	domingo (m.)
Saturday	sábado (m.)		to be sunny	hacer sol
to say	decir		survey	sondeo (m.)
school	colegio (m.)		Sweden	Suecia (f.)
sciences	ciencias (f.pl.)		to swim	nadar
sea views	vistas al mar (f. pl.)		(heated) swimming pool	piscina (climatizada) (f.)
seafood	marisco (m.)		Switzerland	Suiza (f.)
see you soon	hasta pronto			
to seem	parecer		**T**	
to send	enviar			
to send	mandar		table	mesa (f.)
sentence	frase (f.)		to take photos	sacar fotos
September	setiembre		tape	cinta (f.)
to set the table	poner la mesa		teacher	profesor(a)
to go shopping	ir de compras		technology	tecnología (f.)
shower	ducha (f.)		teeth	dientes (m.pl.)
to have a shower	ducharse		telephone	teléfono (m.)
sister	hermana (f.)		temperature	temperatura (f.)
to sit down	sentarse		terrace	terraza (f.)
situated	situado		that, than	que
to skate	patinar		there	allí
to ski	esquiar		third	tercer(o)
smog	niebla tóxica (f.)		to be thirsty	tener sed
to snow	nevar		to throw away	tirar
snow	nieve (f.)		Thursday	jueves
soap	jabón (m.)		tide	marea (f.)
sofa	sofá (m.)		time	vez (f.)
some	algunos(as)		at times	a veces
south	sur (m.)		timetable	horario (m.)
souvenir	recuerdo (m.)		to be tired	tener sueño
to devote time (to)	dedicarse (a)		toilet (room)	aseo (m.)
to spend, waste (time)	gastar		toilet (cistern)	cisterna del baño (f.)
sporting	deportista		toilet	retrete (m.)
sports	deportes (m.pl.)		toilet paper	papel higiénico (m.)
sports centre	polideportivo (m.)		tomorrow	mañana
spring	primavera (f.)		too, too much	demasiado
square	plaza (f.)		tourist office	oficina de turismo (f.)
stadium	estadio (m)		touristy	turístico
stairs	escalera (f.)		towel	toalla (f.)
star	estrella (f.)		town	pueblo (m.)
station, season	estación (f.)		traffic	tráfico (m.)
to stay	quedarse		tree	árbol (m.)
stereo	estéreo (m.)		tribe	tribu (m.)
storm	tormenta (f.)		to go on a trip	ir de excursión

trip	excursión (f.)
true	verdad
Tuesday	martes
typical	típico
typing	mecanografía (f.)
tyre	neumático (m.)

U

ugly	feo
uncomfortable	incómodo
underground (tube)	metro (m.)
unleaded	sin plomo
to use	usar
useful	útil

V

vehicle	vehículo (m.)
very good (mark)	notable
very good, very well	muy bien
video	vídeo (m.)
volleyball	voleibol (m.)

W

to wake up	despertarse
to go for a walk	dar un paseo
wardrobe	armario (m.)
to wash (your face)	lavarse (la cara)
washing machine	lavadora (f.)
waste	deshechos (m.pl.)
water sports	deportes acuáticos (m.pl.)
weather	tiempo (m.)
weather forecast	pronóstico (m.)
Wednesday	miércoles
week	semana (f.)
weekend	fin de semana (m.)
to do well at	dar bien
west	oeste (m.)
what?, which?	¿qué?
when	¿cuando?
when?	¿cuándo?
where	donde
where ... to?	¿adónde?
where?	¿dónde?
which?	¿cuál?
why?	¿por qué?
wind	viento (m.)
windscreen	parabrisas (m.)
to be windy	viento
with	con

wood	madera (f.)
word	palabra (f.)
to work	trabajar
to work (of machine)	funcionar
world	mundo (m.)
world (adj)	mundial
worse	peor

Y

year	año (m.)
young	joven
young people	jóvenes (m.pl.)
yours faithfully	atentamente suyo
youth hostel	albergue juvenil (m.)

Z

zone	zona (f.)
zoo	zoo (m.)

How Will I Grow?

Mick Manning
and Brita Granström

W

FRANKLIN WATTS
LONDON • SYDNEY

Rock on, Charlotte!

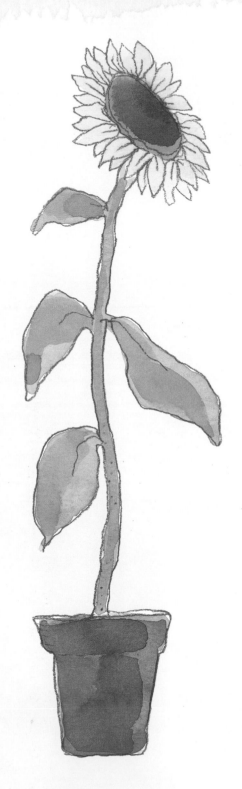

Franklin Watts
Published in Great Britain in 2016
by The Watts Publishing Group

The illustrations in this book have
been drawn by Brita

Series editor: Rachel Cooke
Art director: Jonathan Hair

Dewey number 612
ISBN 978 1 4451 5196 0

Printed in China

Franklin Watts
An imprint of
Hachette Children's Group
Part of The Watts Publishing Group
Carmelite House
50 Victoria Embankment
London EC4Y 0DZ

An Hachette UK Company
www.hachette.co.uk
www.franklinwatts.co.uk

Contents

How did I grow to be this big?

You have been growing right from the moment you were made by your mum and dad. For 9 months you grew inside your mum's tummy.

Then once you were born you really started to grow . . . You doubled your weight in the first few weeks!

4

All parts of you started to develop at an amazing speed. Your bones got longer and stronger. And your skin and muscles grew like mad to support the bones.

Your bones have soft cartilage at the ends. As this grows, it hardens and makes the bones longer and stronger.

And your body is still growing: your skin, muscles, bones, heart and lungs · · ·

5

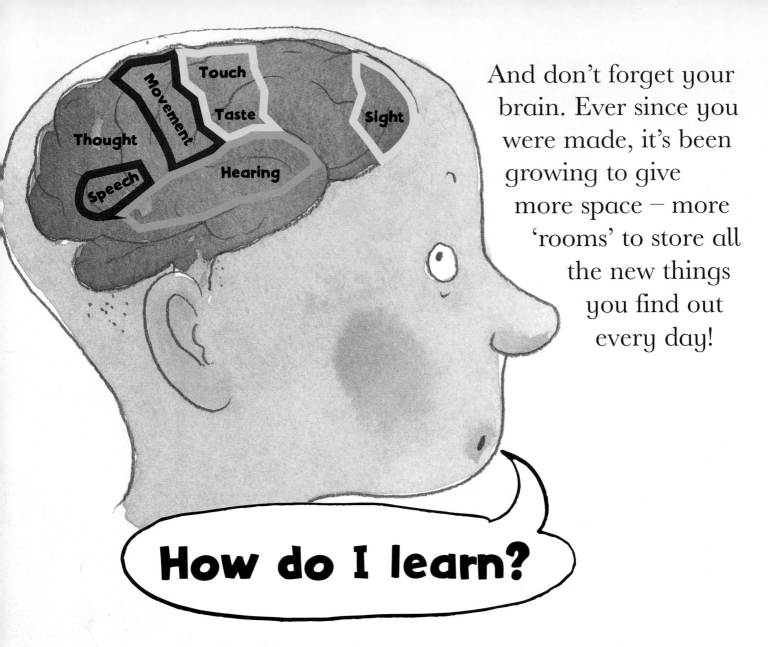

And don't forget your brain. Ever since you were made, it's been growing to give more space – more 'rooms' to store all the new things you find out every day!

How do I learn?

You learn from using all your senses – from listening, looking, feeling, tasting and smelling.

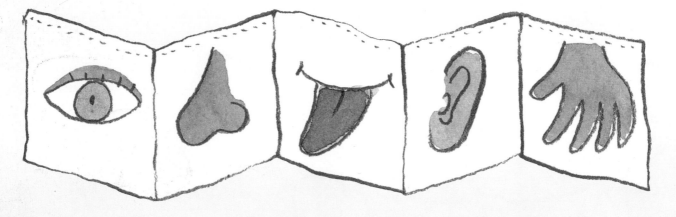

You began learning inside your mum's tummy. By the time you were born, you could already recognise her voice.

After that you learned all the time: playing with your toys, tasting your food, even by bouncing on your dad's knee or being tickled by granny!

So I learned to walk?

Your bones and muscles grew and you made them stronger by crawling and climbing, and practising standing. At about the age of 1, you were strong enough to start walking. You fell over a bit to begin with . . . but practice makes perfect!

And when did I talk?

You made lots of noises even when you were very tiny. You learned by listening and copying. At about 1 year old, you were saying whole words and around 2 you could put sentences together. Now you and your friends can chatter away like magpies!

Some children grow up speaking two languages if their mum and dad are from different countries. They grow up hearing two languages so speaking both comes naturally.

9

Is it easy to learn?

Of course it is. All children are very brainy. They learn and remember much quicker than grown-ups can.

As well as learning to read and count, your brain and body work together to learn balance and co-ordination, so you can catch balls, ride bikes and swim.

Growing brains work best when lessons are mixed with lots of exercise, like running, climbing and jumping. So playtime helps you learn more!

11

And when did my teeth grow?

Your teeth were already under your gums when you were born. After 6 months, you began teething. One or two at a time, your teeth pushed out of your gums. You had started to eat solid food then as well so you could grow even faster. By the time you were 2, you had 20 teeth.

You need to brush your teeth at least twice a day to keep them clean and healthy. If your adult teeth drop out, you won't grow any new ones!

So why are my teeth dropping out?

Your first teeth are your milk teeth. Between about ages 6 and 8, they are replaced by 32 adult ones. These are bigger and stronger – and should last your whole life, so long as you look after them!

How a tooth is made

Enamel

Gum

Adult teeth

Incisor

Canine

Molar

Nerve

Why are some of my class taller than me?

Everyone grows at different times and by different amounts. Sometimes one person shoots up in the summer holidays and then doesn't grow again all year, so the rest of the class catch up later.

Girls are often taller than boys when they are about 10, but then boys grow taller later.

How tall will I grow?

It's hard to say exactly. If there are lots of tall people in your family, then you'll probably be tall too.

Men usually grow taller than women. But it doesn't matter how tall or small you are when you're older, so long as you are well and happy. People still love you just the same.

15

Do I have to eat my greens?

If you want to grow up strong and healthy, then yes, you have to eat all sorts of food – including green vegetables.

Pasta, green salad and an apple make a healthy meal.

Chips are yum! But eat other things with them. Always drink lots of water.

Soup and a roll with yogurt to follow is a good light lunch.

You need a mix of food for your body to work properly, but you shouldn't eat too much of some things. Eating lots of sweets and other sugary food is bad for you.

Different foods are good for you in different ways, which is why you need a mixture.

Food that fills you up, like pasta and potatoes, gives you energy.

Vegetables have lots of fibre and vitamins to keep you healthy.

Meat, cheese and eggs help you grow and your muscles develop.

You need fat, like butter and oil, and a little sugar, too – which includes chocolate!

Rabbits know what's good for them!

Pizza's always good. Cucumber and orange juice add some extra goodness.

Sausages, potatoes and green spinach is a good mixture to help you grow up healthy.

When am I a teenager?

You'll be a teenager when you reach your 'teens' – on your thir*teen*th birthday. You'll have carried on growing and learning all the time. Your body will have started changing in different ways, too, getting ready to be able to make babies.

GIRLS

Sweat glands under the arms grow bigger.

Some girls get spots!

Breasts develop.

Hips broaden.

Periods begin (see page 21).

More hair grows under the arms and between the legs.

We call the way your body changes at this time puberty. Puberty happens to people at different times. Girls tend to go through puberty before boys.

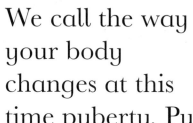

So how will my body change?

During puberty, girls' and boys' bodies make chemicals called hormones. There are male and female hormones which make girls and boys change in different ways. Some changes are the same – both boys and girls grow a lot taller.

BOYS

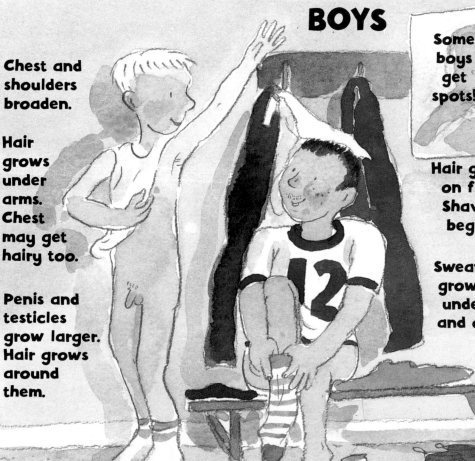

Chest and shoulders broaden.

Hair grows under arms. Chest may get hairy too.

Penis and testicles grow larger. Hair grows around them.

Some boys get spots!

Hair grows on face. Shaving begins!

Sweat glands grow bigger under arms and on feet!

19

Will my voice change?

Girls' voices get a bit deeper as they grow older. But boys' voices change much more. Their vocal chords grow longer and their voices 'break'. They sound funny for a time.

*.!

This and other changes in boys' bodies are triggered by male hormones, which are made in the testicles. The testicles also begin producing millions of sperm ready to make a baby.

Sperm tube

Penis

Testicle

Testicle

Scrotum

**!

To make a baby, sperm from the male must connect with a female egg cell (see opposite). To do this, men and women make love and have a special cuddle called sex.

What are periods?

Changes in girls' bodies during puberty are triggered by female hormones. These are made in the ovaries. The ovaries also contain thousands of egg cells.

Periods are part of these body changes. Once a month, an egg cell moves from one of the ovaries to the womb. If the girl does not get pregnant, the womb lining breaks down and, with the egg, passes out of the vagina. This causes bleeding.

Womb

Ovary

Ovary

Vagina

Girls use sanitary towels (STs) to stop the blood messing up their knickers. Later, instead of STs, they may use tampons which they insert inside the vagina.

21

What will puberty feel like?

Well, you may find you sweat more and get spots for a while. You'll probably need to wash a bit more carefully and change your socks more often. You might also find you feel more upset and moody.

Your body is changing so much and you are growing so fast that, for a while, it makes too many of the chemicals that help you feel happy or sad and this makes your moods change a lot.

And, of course, you'll start to like girls or boys in a different way . . . And that might make you feel very happy or very sad sometimes!

23

Will I make new friends?

Yes, you'll make new friends all through your life. They'll be people you share things in common with – maybe you'll laugh at the same things or have the same interests. You'll make friends at clubs or maybe through sport or your hobbies.

Some people you'll like straight away and some people might take a while to get to know.

What's love?

There are lots of different sorts of love. There's the loving feeling you have for your family and your home. As you get older, you might start to feel love for other boys or girls your own age. Sometimes this can become a very strong feeling and you'll want to be with them lots and lots.

Sometimes you can fall in love with a pop or film star. It feels just like the real thing at the time and you may have sleepless nights and dreamy days thinking about your idol! But it is probably just a crush and won't last long.

26

You stop growing taller sometime in your twenties, although you'll carry on maturing and changing in lots of other ways.

You'll leave school sometime in your late teens and maybe go to college or get a job. You may leave home about then too. But you don't have to! Some people like to live with their family a lot longer. Eventually, you may start a family of your own.

Whatever you decide your family will aways love you. And wherever you go and whatever you do . . .

You'll always be YOU!

HOW YOU WILL GROW (BOY)

30

Baby   **Toddler**   **School age**   **Nearly 10**

You're going to grow . . .

and grow . . .

HOW YOU WILL GROW (GIRL)

Teenager

Adult

Mum

31

Useful words

Cartilage is the soft, bendy substance that joins our muscles to our bones.

Co-ordination is the way we can move different parts of our bodies in the right way at the same time.

Fibre is the rough stuff in food which helps it pass through our bodies.

The **heart** pumps blood around our bodies. It is in our chests.

Hormones are chemicals in our bodies which make them change and grow.

Lungs are where we breathe air into and out of our bodies.

Maturing describes the way things change as they get older.

Muscles are what we use to make our bodies move.

Ovaries are the part inside women's bodies which hold the egg cells.

The **penis** hangs between a man's legs. He pees through it and, after puberty, sperm passes through it.

Periods are the monthly bleeding that women have from the womb once they reach puberty.

Pregnant describes a woman who is going to have a baby.

Puberty describes the changes people go through from about age 10 as their bodies prepare for making babies.

The **scrotum** contains a man's testicles.

Sweat glands grow under our skin and make sweat when we get hot.

Teething describes when babies' teeth are coming through their gums.

Testicles are the part of men's bodies where sperm is made.

The **vagina** is an opening in a woman's body between her legs which connects to her womb.

Vocal chords are flaps inside your throat which vibrate when you speak.

The **womb** is the part of a woman's body where new babies grow.

Index

And the sun is *never* too bright.

Trolls, don't you know, live deep underground
with eyes that are made for the shade.

They can see in the dark and hear every sound
and that's just the way they are made!

Lochy the Brave with an adventurous mind,
sneaks up to the surface to play.

But out in the light it's too bright for his eyes,
he panics and can't move away.

From way down below Mirren hears a sad cry,
interrupting her fresh morning dream.
A *flash* of concern –

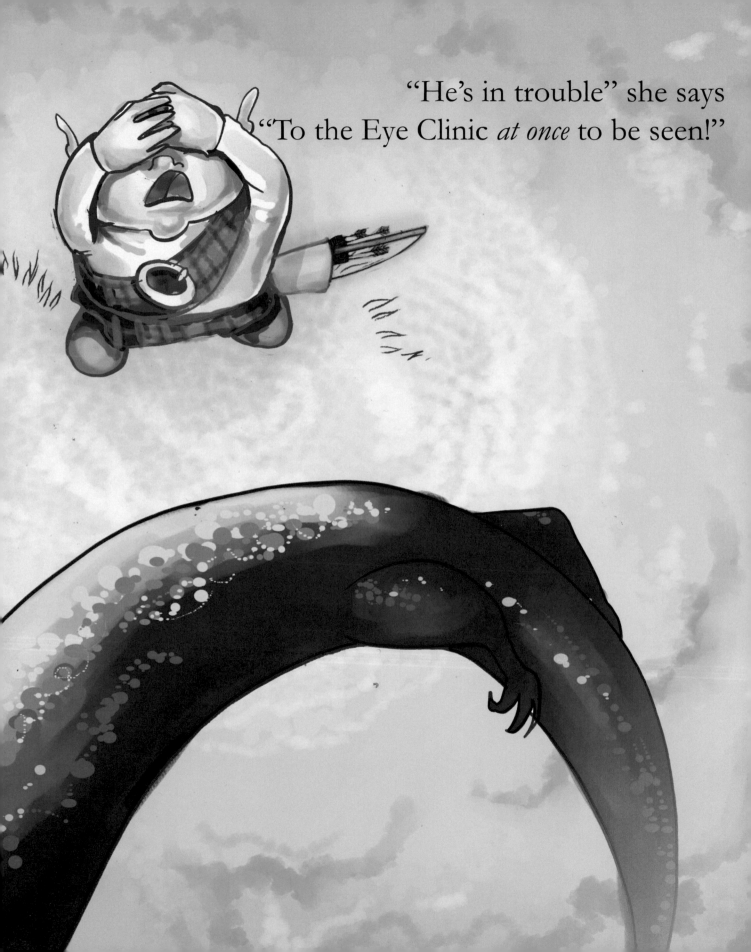

"I know you can't see me but help is at hand,
let's visit a friend in a far away land.
I need to take you away from this glen,
stay by my side, and let's count to ten..."

1
2
3
4
5
6
7
8
9
10

Swoosh whoosh ...
POP!
They arrive.

EyeRon says,
"We need to check out
your eyes.
Our exams here are
fun, I am so glad
you came.

What makes
you happy and we'll
test with
the same?"

"What makes me happy?" Lochy exclaims

"HUNTING DRAGONS!

...is my favourite game."

Let's test our eyes
with Lochy!

Mirren has some rings
on her tummy, let's
play a game with
Lochy and search for
the broken rings

Please see final page for
guidance on test results

For the next page:
Now put on your 3D
glasses with
Lochy as we have
another test to do!

I

SEE A

DRAGON
IN THE GLEN

1. Make sure to put
on your
3D Glasses.

2. Now point to or
count the dragons
on the test card.

Please see final page for
guidance on test results

EyeRon was happy and gave a big smile,
now he had finished his tests.

"Sunglasses are what you need for bright light,
to keep your eyes working their best!"

Lochy looked at his rescuer for the very first time,

"A dragon!" was all he could say.
"Today I learned that dragons are kind,
No more hunting by trolls...

let's go
play!"

Now dragons and trolls are the best of friends,
In the Highlands of Scotland today.

They go hunting for haggis
in the dark of the night
And play hide and seek...

in the day!

The End

The mission of this book is to promote the importance of early vision testing in young children. Importantly this book should never be a substitute for a comprehensive eye examination. Please see guidance notes below.

VISION TEST RESULTS

"Searching for the Broken Rings": This will test the ability to see fine detail. Your child should be encouraged to find the smallest "broken ring" and should do equally well with the right and left eyes. A 3 year-old child should accurately identify 5 or more rings. From 4-5 years of age they should see all 7 correctly.

"3D Glasses Find the Dragons": This test checks that both of your child's eyes are working well together. All 3 dragons should be visible with the glasses on. (Your child will see only two if his/her eyes are not working as well together)

If you have any concerns regarding your child's vision please do contact your local optometrist.

ADVICE FOR PARENTS & CARERS

Vision is important for early learning and development!

Most children have good vision. Babies develop their ability to see clearly, focus their eyes, move them accurately, and use their eyes together in the first few months of life. These skills continue to improve gradually throughout childhood. Children use what they see to learn about the world around them. But some eye problems may not be obvious.

When should my child have an eye examination*?

Your child's first eye examination can be anytime. There are tests suitable for babies and young children; there is no need to wait until children can speak or read letters to test their vision. If your child has typical development and you have no special concerns, it is ideal to have a first eye examination at about 4-6 months of age when most babies are attentive and have developed good control of their eye movements. Examination at around 3 years of age, is also ideal to detect any vision problems early. Also it is good to test your child around the time that he/she enters school.

Special indications for a sight test

It is especially important to have an eye examination if you have noticed a problem such as an eye turn, frowning or screwing up the eyes, covering one eye, rubbing the eyes or moving close to the television. If close relatives have a squint, lazy eye or wear strong glasses your child is more likely to have these problems. Children assume that what they see is normal -- they have never known anything different so don't expect them to tell you if they have a problem with their vision.

How do I arrange an eye examination for my young child/children?

You can contact an optometrist directly for an eye examination or ask your health visitor or doctor to refer you to an Orthoptist (Orthoptists are specialised in the assessment and monitoring of visual development in children). It is helpful to mention your child's age as there may be someone in the practice with a special interest in young children.

* This is general advice prepared by the staff of the Glasgow Caledonian University Eye Clinic. You need to speak directly to your own doctor or optometrist if you have a specific concern are about your child's eyes or vision.

GCU
Glasgow Caledonian
University

One Vision

First published in 2012 by One Vision Dragon Books
All profits to CHILDREN 1ST, 83 Whitehouse Loan, Edinburgh, EH9 1AT
Registered charity no: SC 016092

Text copyright © One Vision 2012
Illustrations copyright © Holly Jameson 2012
Design by Holly Jameson www.hollyjameson.co.uk

Drama

Acknowledgements

The authors and publishers are grateful for permission to reproduce the following:
p. 11 'Bedtime' from *Silver, Sand and Snow* by Eleanor Fajeon, published by Michael Joseph. Reproduced by kind permission of David Higham Associates. Taken from *The Puffin Book of Fantastic First Poems*, edited by June Crebbin.

Published 2006 by A & C Black Publishers Limited
38 Soho Square, London W1D 3HB
www.acblack.com

ISBN-10: 0-7136-7370-2
ISBN-13: 978-0-7136-7370-8

Copyright text © Christine Moorcroft, 2006
Copyright illustrations © Gaynor Berry, 2006
Copyright cover illustration © Andy Robb, 2006
Editors: Lynne Williamson and Marie Lister
Designer: Heather Billin

The authors and publishers would like to thank Fleur Lawrence and Kim Perez for their advice in producing this series of books.
A CIP catalogue record for this book is available from the British Library.

Printed and bound in Great Britain by Cromwell Press Ltd, Trowbridge, Wiltshire.

A & C Black uses paper produced with elemental chlorine-free pulp, harvested from managed sustainable forests.

Developing Literacy: Speaking and Listening is a series of seven photocopiable activity books for the Literacy Hour. Each book provides a range of speaking and listening activities and supports the teaching and learning objectives identified in *Curriculum Guidance for the Foundation Stage* and by the Primary National Strategy in *Speaking, Listening, Learning: working with children in Key Stages 1 and 2*.

Speaking and listening skills are vital to children's intellectual and social development, particularly in helping them to:

- develop creativity;
- interact with others;
- solve problems;
- speculate and discourse;
- form social relationships;
- build self-confidence.

The activities in this book focus on the following four aspects of speaking and listening:

- **Speaking:** being able to speak clearly; developing and sustaining ideas in talk
- **Listening:** developing active listening strategies; using skills of analysis
- **Group discussion and interaction:** taking different roles in groups; working collaboratively; making a range of contributions
- **Drama:** improvisation; working in role; scripting and performing; responding to performances

Using the activity sheets

The materials show how speaking and listening can be relevant to all parts of literacy lessons, in whole-class work, in group or paired work, during independent work and in plenary sessions. The activities encourage the inclusion of all learners, since talking and contributing to group work are often more accessible than writing for lower-achieving children and for those who speak English as an additional language.

Extension activities

Most of the activity sheets end with a challenge (**Now try this!**), which reinforces and extends the children's learning and provides the teacher with an opportunity for assessment. These more challenging activities might be appropriate for only a few children; it is not expected that the whole class should complete them. For most of the extension activities, the children will need a notebook or a separate sheet of paper.

Organisation

Few resources are needed besides scissors, glue, word banks and simple dictionaries. Access to ICT resources – computers, video, tape recorders – will also be useful at times. To help teachers select appropriate learning experiences for their pupils, the activities are grouped into sections within the book. The pages need not be presented in the order in which they appear, unless stated otherwise. The sheets are intended to support, rather than direct the teacher's planning.

Brief notes are provided at the bottom of each page, giving ideas and suggestions for making the most of the activity sheet. They may include suggestions for a whole-class introduction, a plenary session or follow-up work. These notes may be masked before photocopying if desired. More detailed notes and suggestions can be found on pages 6–8.

Effective group work

Many of the activities involve children working in groups. Here are some ideas to consider as you prepare for group work.

Before you start

HOW?

- How are deadlines and groupings made clear to groups?
- How might different children undertake different tasks?
- How will you organise time and space to give children the opportunity to rehearse and practise new skills?
- How will the children reflect on what they have learned about talk and its impact?

WHEN?

- When is working in a group appropriate?
- When is speaking and listening the focus of an activity?
- When is speaking and listening the outcome?
- When is it right for one child to become an 'expert' and inform others?

WHERE?

- Where in the class is the work going to take place in order to give space and manage noise levels?
- Where is it best for you to be to monitor the groups?
- Where might group work result in a finished product, such as a leaflet, and what resources will you need?

Tips for grouping children

- Be clear about the nature and purpose of the task.
- Decide which type of grouping is best for your purpose (pairs, attainment groups, friendship groups).
- Consider the advantages of mixed- or single-sex groupings in your particular class.
- Consider how you will include all abilities in these groups.
- Think carefully about who will lead groups and how you can vary this.
- Aim to vary the experience for the children: for example, using different groupings, ways of recording or learning environments. Experiment with what works best for different kinds of learners.

Your role

The notes in this book suggest an active role for you as a teacher, and give examples of how you can develop children's learning. Your role will vary from activity to activity, but here are some general points to bear in mind when working with children on speaking and listening activities:

- Be challenging in your choice of topics.
- Don't be afraid to use the correct language for talk: for example, *dialogue, gesture, narrator, negotiate, open and closed questions* and so on.
- Set the ground rules: everyone has a right to speak but everyone also has a duty to listen to others, take turns and so on.
- Move around to monitor what is happening in the groups. You can move on group discussions by developing and questioning what the children say.
- Provide models of the patterns of language expected for particular kinds of speech.
- Try to steer children away from using closed questions.
- Ensure children give extended answers and always ask them to explain their thinking.
- Allow children time to formulate their responses and treat everyone's responses with respect – but avoid praising every answer.

Assessment

An assessment sheet is provided on page 48 for children to assess their own progress. The children can complete the sheet on their own or in discussion with you. It is not expected that you will be able to assess the entire class at any one time. It is best to focus on a small group of children each week, although whole-class monitoring may be possible with certain activities, such as drama activities where children perform to the whole class.

Other activities in the book are ideal for the collection of evidence over the year (for example, *Tag: 1, 2 and 3, Cartoon time, Watch and listen: 1, The Monument, On an island*) and for children to assess one another's skills in speaking and listening (*Sausage talk, Glove puppet: 1 and 2, Watch and listen: 2, Favourite story*). All the information should be assimilated for an end-of-year summary to facilitate target setting and the transition to Year 3.

Notes on the activities

Speaking

The activities in this section provide contexts to encourage the children to speak clearly, audibly and with control to a partner, another adult, their group or the class and to be aware of their audience.

Alphabet talk (page 9). Discuss times when people speak quickly or slowly, loudly or quietly, in a lively or subdued manner, and so on. **Vocabulary**: expression, fast, lively, loud, quick, quiet, slow, subdued, tone of voice.

Sausage talk (page 10). You could begin by playing a short video clip of a tense moment from a film, but with the sound turned off. Ask the children how the people feel and how the children can tell. Ask them to imagine the same scene on the radio. What might they hear? Encourage them to express the characters' feelings. For the extension activity, the children should select a storybook they know, re-read a piece of dialogue, think about what feelings or mood are being expressed and then convey this using only the word 'sausage'. **Vocabulary**: bossy, dialogue, excited, expression, feeling, jolly, scary, sound, tone of voice.

Please (page 11). You could encourage the children to adapt the poem – one child taking the role of the original character and the other acting as parent or carer. Draw attention to the different tones of voice of the 'adult' and the 'child'. **Vocabulary**: ask, complain, plead, sound, tone of voice.

The monkeys and the banana (page 12). This is based on a traditional tale from the Caribbean. Ask the children how the story might begin (for example, *Once upon a time…, Long ago…*). Next they should say who the characters are, where they were and what they were doing (for example, *Once upon a time, two little monkeys were playing in a banana tree…*). Encourage the children to be descriptive. **Vocabulary**: character, once upon a time, one day, setting, speak, story, talk.

Story kit (page 13). This sheet provides a collection of characters and objects and a word bank of 'story language' to support the children's storytelling. The activity could also be carried out using a story kit of real objects: for example, a mask, a cloak, an umbrella and an alarm clock. **Vocabulary**: at last, happily ever after, later, lived, long ago, main character, never again, now, once upon a time, one day, story.

Story mix (page 14). Here the children, working in pairs, adapt the story of *Snow White and the Seven Dwarfs* to include a character from another story (Little Red Riding Hood). They may find it helpful to refer to the word bank on page 13. **Vocabulary**: problem, re-tell, setting, solve, story, tale, traditional.

A ladder to the sky (page 15). Ask the children to think about the setting as well as the character. What is it like at the bottom of the ladder? How does the setting change at the top? **Vocabulary**: beginning, character, ending, middle, problem, scribe, setting, solve, story, tale.

Glove puppet: 1 and 2 (pages 16–17). Introduce vocabulary which will help the children explain how to make a glove puppet. For the extension activity, the children should demonstrate how to use a glove puppet to aid their explanation (provide glove puppets or allow the children to make them using the template). **Vocabulary**: back, card, cloth, finger, front, glue, join, material, notes, piece, puppet, scissors, shape, side, stitch, template.

Wheels (page 18). Invite the children to predict which wheels will roll best, and why. They should test each pair of wheels and then use their observations and the wheels themselves to help them explain why one shape rolls better than others. If they explain by gesture and pointing and using words such as 'that', 'that part', 'there' and 'this', encourage them to use the names of the components. During the plenary, invite volunteers to explain to the class why the round wheels roll the best. **Vocabulary**: axle, box, centre, circle, circular, roll, round, scribe, shape, square, triangle, triangular, turn, wheel.

Listening

These activities develop children's skills as active listeners and help them to join in meaningful discussions. It may be helpful to demonstrate what is meant by good listening by enlisting the help of another adult for a short role-play of bad listening (fidgeting, looking away from the speaker, interrupting, daydreaming and so on). Ask the children to say what is wrong and what the listener should do instead.

Tag: 1, 2 and 3 (pages 19–21). Invite the children to talk about 'tag' or 'tick' games they play and draw out that the idea of these games is for one or more children, acting as 'chasers', to catch as many others as they can by 'tagging' or 'ticking' them. Ask what happens to the ones who are caught. How can they be set free to join in again?

Page 21 provides a structure for the children to invent their own variations of 'tag'. Allow opportunities for groups to explain to the rest of the class how to play. The extension activity asks the children to introduce a way in which runners can stay safe from chasers; this could involve the use of 'safe areas' such as circles chalked on the ground. There could be a way of limiting the number of runners allowed in: for example, one runner can take refuge but once another arrives in the circle the first one has to leave. **Vocabulary**: ask, instructions, listen, question, rule, scribe, tell.

Laughometer (page 22). During the plenary, discuss what made the children laugh. Did every group find the same jokes funny? Were the jokes themselves funny or was it the way in which they were told? The children could collect jokes and tell them to the class. **Vocabulary**: audience, comment, joke, laugh, listen, tell, voice.

Cartoon time (page 23). Observe and discuss the children's responses to the cartoon: for example, the children might laugh because they find something funny, gasp with fright or suspense and sigh with relief when the danger is over. They might even cry at sad moments. **Vocabulary**: character, cry, evil, funny, gasp, good, laugh, relief, sad, scary, sigh, sound effects, suspense.

Watch and listen: 1 and 2 (pages 24–25). Encourage the children to imagine themselves in the situation in the picture. What would they do? How would they feel? How can they act this for an audience? Point out that this is not the same as telling a story, since there is no narrator. The characters need to let the audience know what is happening through actions and dialogue. **Vocabulary**: act, action, audience, body language, character, dialogue, drama, enact, narrator, scene, speech.

The Monument (page 26). Discuss that a fact-file records the main facts about something. When reading the fact-file with the children, draw attention to the information they need to listen for. Then read out the following information and point out the relevant parts of the picture.

The Monument

The Monument is in London. It is a tall column more than 60 metres high – much taller than any of the buildings around it. It is a circular column standing on a square base. At the top of it is a bright urn (a kind of vase) made of copper.

There is a door in the base of the Monument and you can go inside. You can climb a spiral staircase leading up to the top. The staircase has 311 steps.

There is a sign on the base of the Monument. It says that this is close to the place where the Great Fire of London began in September 1666 – in a bakery in Pudding Lane.

The Monument was built by Sir Christopher Wren and Robert Hooke in 1671 to mark the Great Fire of London, in which most of the city was burned down.

Vocabulary: commemorate, fact-file, information, listen, main points, monument, question, talk.

On an island (page 27). As you give a talk about an island (which could be real or fictional), use appropriate techniques for emphasising the main points: for example, varying your tone of voice, using gestures, repeating important information, writing key words and phrases on the board or asking questions about the children's understanding of them. **Vocabulary**: action, fact, fiction, information, key words, main points, non-fiction, notes, talk, voice.

Safe and sound (page 28). During the plenary, discuss how the children could tell which facts were important. How did the speaker emphasise the main points? Did he or she repeat any information, write up key words and phrases or ask questions about the children's understanding of them? **Vocabulary**: fact, information, instructions, key words, main points, notes, rules, talk.

Group discussion and interaction

In these activities the children use talk to explore and share ideas, and they collaborate in shared activities, such as solving a problem. The children take different roles in groups: for example, suggesting ideas, acting as scribe, and asking questions for information or clarification.

Favourite story (page 29). Once the children have chosen their favourite story, ask them to think about the main characters (review the meaning of this). They should also consider what the story is about and which parts they enjoyed. If several children choose the same stories, then a graph could be made to show which stories are popular. **Vocabulary**: author, character, event, favourite, fiction, listen, main character, main event, question, story.

A quiet place (page 30). Some children might need help in drawing out the points discussed by the children in the illustration and whether they came to an agreement. If so, read the speech bubbles with them and then ask them to look at the chart. Ask: 'Did they talk about the floor? What did they say about it? Did they all agree about this?' During the plenary, ask the children what should be done next. **Vocabulary**: agree, discuss, plan, talk, vote.

Welcome! (page 31). Here the children listen to one another's views and preferences. This can form a starting point for a project in which they agree the next steps to take (and then carry these out). **Vocabulary**: agree, discuss, idea, listen, speak, take turns, vote, welcome.

Material world (page 32). Draw out that there is no need for each individual to find out about every material, but that the children can share the work as a group, finding out about one material each. Afterwards, you could arrange 'panels of experts' in which the children from each group who specialised in one material could be questioned by the others (for example, they could be asked to explain what makes that material good for a particular purpose). **Vocabulary**: expert, group, material, panel, share.

Job share (page 33). This page provides a model for the children's own planning, to enable them to allocate tasks and take turns as a group. It can be used for the planning of a simple group task, such as running an activity area in the classroom. Draw out that the children should allocate tasks in a way which ensures that everyone has a role. **Vocabulary**: jobs, rota, share, take turns, tasks.

7

Sam's trousers (page 34). Before the children write their plan, they could brainstorm ideas with one child acting as scribe and making notes on a separate piece of paper. They should make a note of everyone's ideas, then discuss the advantages and disadvantages of each. **Vocabulary**: advantage, agree, brainstorm, disadvantage, discuss, idea, listen, material, plan, scribe, speak, take turns, vote.

Portrait (page 35). This activity can be used with any portrait: for example, *Mona Lisa* or *Lady with an Ermine* (Leonardo da Vinci), *Self-Portrait* (Albrecht Dürer), *Giovanna Baccelli* (Thomas Gainsborough), *The Cholmondeley Ladies* (British School, 17th century). The children should each make one factual observation about the sitter (name, man/woman, boy/girl, clothes, what he/she is doing), then deduce information and say how they can tell (rich/poor person, modern/from long ago, his/her work, family or interests). Encourage the children to ask one another questions: for example, 'Why do you think he is rich?' 'How do you know he is the artist?' **Vocabulary**: clue, fact, portrait, question, speak, take turns.

An author (page 36). You could first create a display about an author (books, posters, biographical details and so on) and read some of his/her books as shared texts. Encourage the children to read some of the author's books for themselves and to choose one to talk about. Remind the children how to be good listeners. After their discussion you could ask the children about what the others in their group said about the author. **Vocabulary**: author, discuss, scribe, theme.

Fame at last (page 37). Explain the idea of putting someone in the 'hot seat' to ask them questions which they answer in role. During each role-play the others should listen in silence; only after it has finished should they ask questions. If the responses are inconsistent with the role, the others could challenge with further questions. Children from each group who have researched and enacted the same roles could support one another in the hot seat. **Vocabulary**: act, actor, enact, hot seat, narrator, perform, research, role, role-play.

Drama

Several of these activities provide support for the children to use their voices, facial expressions and body movements to portray characters and to enact stories. The children are also encouraged to talk about the way in which a performance is enacted, saying what they enjoyed.

Rhyme characters (page 38). Some children might be able to think up rhyming lines for the characters to speak. You could model some examples: 'Humpty Dumpty sat on a wall / Little Bo Peep said, "Get down or you'll fall!"'; 'Little Bo Peep has lost her sheep and doesn't know where to find them / Get a sheepdog and the sheep will come home / With the sheepdog running behind them.' **Vocabulary**: act, character, rhyme, role, speak.

Moving day (page 39). Ideas to discuss include what to say to make people feel welcome and how to communicate with others in a new situation. **Vocabulary**: act, enact, make friends, move, problem, removal, role, solve, story.

The chest (page 40). Ask the children to imagine they are opening the chest. What do they see, hear and smell? Can they communicate this to an audience through speaking to one another, rather than telling a story as narrators? **Vocabulary**: act, audience, imagine, role.

Elves (page 41). The children could enact a story in which the elves venture above the floorboards or influence what goes on there (in helpful or mischievous ways). There are many possibilities of developing an adventure or suspense story. **Vocabulary**: act, adventure, character, role, scribe, setting, suspense.

On stage (page 42). This activity could be used after a school play or a visit to a theatre. Discuss how the characters interacted with one another. How did this affect the performance and the audience? **Vocabulary**: act, audience, describe, exciting, feeling, funny, lighting, lively, music, mysterious, play, quiet, scary, scenery, setting.

Setting the scene (page 43). This activity focuses on how mood and atmosphere are created in a recorded performance and encourages the children to consider how they can create the effects they want. Provide a selection of music for children to classify as scary, funny, exciting or romantic (link this with work in music lessons). **Vocabulary**: introduction, lighting, lights, music, romantic, scene, setting.

Rama and Sita: 1 and 2 (pages 44–45). This story could be read as a shared text in connection with RE and with text-level work on traditional stories. **Vocabulary**: character, determination, evil, excitement, expression, fear, feeling, puppet, role, story, voice.

Living poem (page 46). The children could enact waking up, yawning and stretching; then one of them could read the poem aloud as the others skip, as if out into the street, and play games. Discuss how they can change the atmosphere of the poem by changing the rhythm. **Vocabulary**: act, atmosphere, change, enact, mysterious, plan, rhythm, role, scribe, skipping, waking.

Living picture (page 47). Encourage the children to sit as though on a bus to enact the scene. They should consider what the characters might do which would affect the others: for example, bursting into song, reading aloud a passage from a book or newspaper, getting up and dancing, shouting a warning. Invite groups to perform the scene for the class. **Vocabulary**: act, atmosphere, change, character, enact, role.

How did you do? (page 48). This is a simple self-assessment sheet. It is not intended for use after every activity, but should be given when it is felt appropriate. Sections not applicable to the activity can be masked.

Alphabet talk

These people are speaking without words.

• Read aloud what they say.

Work with a partner.

A A B B C C C D D D D.

Sound as if you are telling the boy off.

E E E E, F F F G G H H I I J J?

Sound as if you are asking a question.

K K K K L L L M M M M N N N.

Sound as if you are soothing the baby.

O P P P Q R R R!

Sound excited about the goal!

Now try this!

• Talk to your partner. Use letters, not words. Show whether you are happy, cross, upset or sad. Can your partner tell?

Teachers' note You could introduce the activity by using a puppet: explain that it speaks using letters and not words, and talk to the children as the puppet. Use the intonation of instructions or questions, but speak only letters of the alphabet at random or in groups. Make it clear that the letters are not meant to spell out words and draw out the importance of expression and tone of voice.

Developing Literacy Speaking & Listening Year 2 © A & C BLACK

Sausage talk

- ## Work in a group.

- ## Say 'sausages' in different ways.

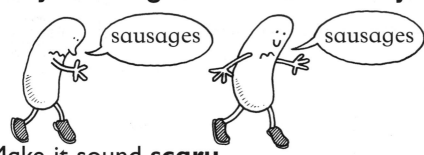

Make it sound **scary**.

Make it sound **jolly**.

Make it sound **bossy**.

Make it sound **excited**.

- ## Work with a partner.

- ## Read a dialogue from a story in 'sausage talk'.

Teachers' note Model the first example, conveying a scary mood, and encourage the children to do the same. Invite children who do this effectively to demonstrate it for the others. Ask them to practise the other examples and then invite groups to demonstrate, without telling the others which feeling they are expressing. The children will need access to storybooks for the extension activity.

Developing Literacy
Speaking & Listening
Year 2
© A & C BLACK

Please

Imagine it is your bedtime.
You want to stay up longer.

Work with a partner.

• **Together, read the poem aloud.**

Bedtime

Five minutes, five minutes more, please!
　　Let me stay five minutes more!
Can't I just finish the castle
　　I'm building here on the floor?
Can't I just finish the story
　　I'm reading here in my book?
Can't I just finish this bead-chain –
　　It *almost* is finished, look!
Can't I just finish the game, please?
　　When a game's once begun
It's a pity never to find out
　　Whether you've lost or won.
Can't I just stay five minutes?
　　Well, can't I stay just four?
Three minutes, then? two minutes?
　　Can't I stay *one* minute more?

Eleanor Farjeon

Now try this!

• **What would you say if you had to wear something you did not like?**

Think about <u>how</u> you would say it.

• **Tell your partner.**

Teachers' note You could read the poem to the children in different ways: first in a pleading manner, then in a monotonous tone of voice. Ask them which version sounds as if you are really asking to be allowed to stay up longer. Pairs of children should practise reading the poem together in chorus, as expressively as possible. Invite pairs to perform to the class.

**Developing Literacy
Speaking & Listening
Year 2
© A & C BLACK**

The monkeys and the banana

- **Work with a partner.**
- **Tell the story together.**

- **Tape-record the story.**

Now try this!

Teachers' note Discuss the first three pictures: why does the old monkey break the banana in two? Is he trying to make things fair? How could the old monkey try to make the pieces the same size? Tell the children to check this by looking at the rest of the story. Encourage them to say what they think the monkeys are saying as they tell the story. Tape recorders will be needed for the extension activity.

Developing Literacy
Speaking & Listening
Year 2
© A & C BLACK

Story kit

- ## Work with a partner.
- ## Tell a story.
  ### Use the story kit.

Word bank

after   at last

happily ever after

later   long ago

once upon a time

one day   so   then

a poor girl

a magic shell

a wicked ogre

a talking fish

a bag of gold coins

Now try this!

- ## Think of a new character and a new object.
- ## Change your story.

Use them in your story.

Teachers' note Explain that a 'story kit' provides characters and objects to be used in a story. Ask the children to decide who is the main character and where the story begins. How will they make the main character interesting to the audience? Can they think of a problem the main character faces? How do the objects or the other characters cause the problem or help to resolve it?

**Developing Literacy
Speaking & Listening
Year 2
© A & C BLACK**

Story mix

• **Tell the story of Snow White.**
Stop when the hunter sets her free.

Work with a partner.

I can't kill you.
Off you go.

In the woods, Snow White meets a girl from another story.

• **Write what they say to one another.**

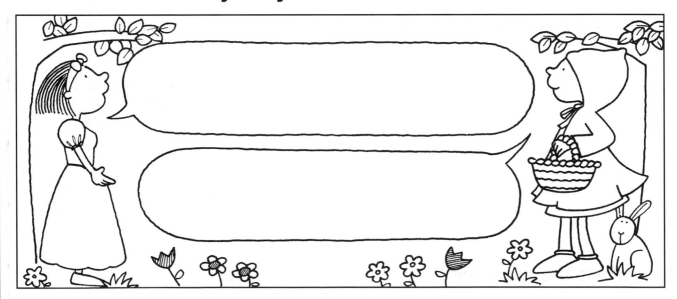

• **What happens next? Tell the rest of the story.**

Now try this!

Hansel and Gretel are lost in the woods.

• **What happens next? You decide.**

• **Tell the story to your partner.**

Teachers' note The children should first have read (or listened to) the story of *Snow White and the Seven Dwarfs*. Explain that here, Snow White meets a character from another traditional tale. Ask the children who it is and how they tell from the picture. Which character needs help and how could the other one help her? Allow opportunities for the children to tell their stories to the class.

Developing Literacy
Speaking & Listening
Year 2
© A & C BLACK

14

A ladder to the sky

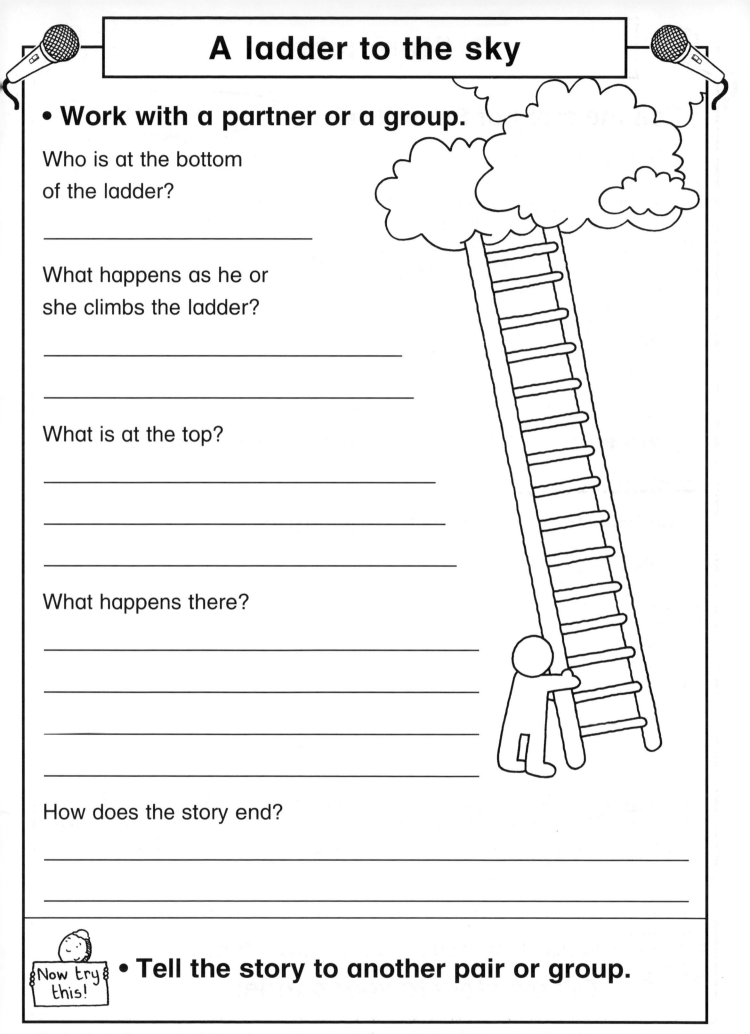

• **Work with a partner or a group.**

Who is at the bottom
of the ladder?

_____

What happens as he or
she climbs the ladder?

_____

_____

What is at the top?

_____

_____

_____

What happens there?

_____

_____

_____

_____

How does the story end?

_____

_____

Now try this!

• **Tell the story to another pair or group.**

Teachers' note Encourage the children to invent a character at the bottom of the ladder. Is it a boy or a girl? What might make the character want to climb the ladder? Ask the children whom or what the character might meet on the way and at the top, and what problems might be encountered. Each pair or group should appoint a scribe to make notes on the sheet; these can be used when telling the story.

**Developing Literacy
Speaking & Listening
Year 2
© A & C BLACK**

15

Glove puppet: 1

● **Cut out the puppet shape.**

Use me with the sheet called *Glove puppet 2.*

Teachers' note Use this in conjunction with page 17. Copy the page onto card (each pair will need one copy). Show the children an example of a glove puppet and lead them to understand that the card puppet shape can be used as a template to make a glove puppet from other materials.

**Developing Literacy
Speaking & Listening
Year 2**
© **A & C BLACK**

- **Take turns to explain how to make a glove puppet. Use these questions to help you.**

Work with a partner.

- **Your partner should make notes.**

What materials shall I use?

How many puppet shapes shall I cut out?

How shall I join the pieces together?

Along which sides shall I join the pieces?

How can I make the puppet look good?

Now try this!

- **How do you use a glove puppet? Tell your partner what to do.**

Teachers' note Use this in conjunction with page 16. One child should explain to a partner how to use the template to make a glove puppet and the other should list the materials and equipment needed. Then the children should swap over so that each has a turn at explaining. Discuss how written instructions (with drawings) might help the explanations.

Developing Literacy Speaking & Listening Year 2 © A & C BLACK

Wheels

- **Can wheels have different shapes?**

  ☆ Cut out the wheels.

  ☆ Push a pencil through the holes.

  ☆ Roll the wheels.

- **Tell a partner which shape rolls the best, and why.**

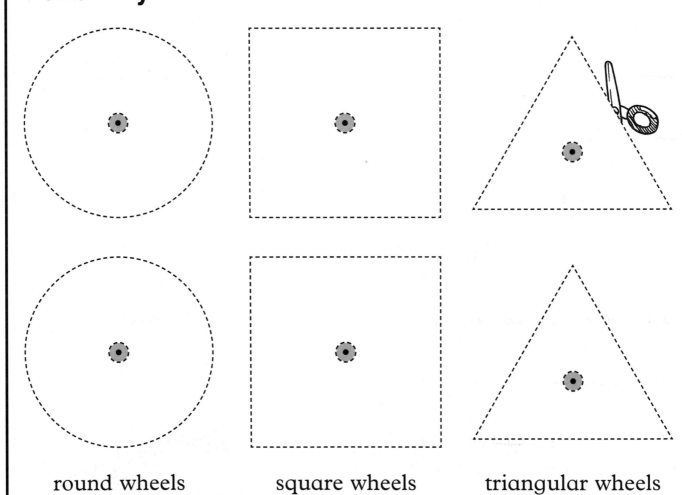

round wheels   square wheels   triangular wheels

- **Fix the best wheels onto a box.**
- **Do the wheels turn? Tell a partner why, or why not.**

Teachers' note Copy the page onto card for each pair and make a hole in the centre of each wheel (but let the children cut out the wheels). The hole should be a tight fit for a pencil. Ask the children to observe what happens when each set of wheels is rolled. They could take turns to describe what happens and to explain why. For the extension activity, provide small cardboard boxes and sticky tape.

Developing Literacy Speaking & Listening Year 2 © A & C BLACK

Tag: 1

- **Read the instructions for playing 'tunnel tag'.**
- **Play the game.**
- **Tell the class how to play.**

Work in a group of six.

Six children can play.

chasers

runners

Runners who are tagged put one hand on a wall, like this.

They make a tunnel.

You're free!

A runner can run through and set them free.

A chaser can guard the tunnel.

Now try this!

- **What if 12 children want to play?**

Talk to a partner about how you could change the game.

Teachers' note Use this with pages 20 and 21. First ask the children about chasing games they play, and what they call these games ('tag' or 'tick' are common names but there may be regional variations). Select six children to work as a group to explain the rules of 'tunnel tag' to the rest of the class. They will need to read the rules on this page and then try the game before giving their explanation.

Developing Literacy Speaking & Listening Year 2 © A & C BLACK

 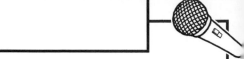

• **Answer these questions about 'tunnel tag'.**
Write in the speech bubbles.

 How many can play?

 How many chasers are there?

 How many runners are there?

 What do the chasers do?

 What do runners do when they are tagged?

 How can another runner set them free?

 **Now try this!** • **Write another question. Ask a partner to tell you the answer.**

Think about how the chasers can win.

Teachers' note Use this in conjunction with pages 19 and 21. The children who listen to the explanation should answer these questions afterwards to check their understanding of the game. They may find it helpful to refer to the questions when devising their own 'tag' game (see page 21).

Developing Literacy
Speaking & Listening
Year 2
© A & C BLACK

Tag: 3

- **Make up a new game of 'tag'.**
- **Write instructions.**

Work with a group.

Name of game _____

_____ children can play.

_____ are chasers.

_____ are runners.

The chasers _____

_____

When runners are tagged, they _____

_____

_____

- **Now play your game.** Did the instructions work well?

How can runners stay safe from chasers?
- **Discuss this with a partner.**
- **Write another instruction.**

Teachers' note Use this in conjunction with pages 19 and 20. Discuss the games of 'tag' or 'tick' the children play and ask them about the roles of different players. How can the chaser(s) or runners win? Give each group a copy of this page and ask them to appoint a scribe. The activity could be linked with a PE lesson in which the children try out their games and modify the rules as necessary.

Developing Literacy
Speaking & Listening
Year 2
© A & C BLACK

Laughometer

1

Why were the elephants sent out of the swimming pool?

They couldn't keep their trunks up.

2

"Doctor, doctor – I keep thinking I'm a dustbin."

"Don't talk rubbish."

3

What do sea monsters like to eat?

Fish and ships.

4

"Your dog keeps chasing my son on his bike."

"Don't be silly. My dog can't ride a bike."

• **Tell a joke to your group.**

How much did they laugh?

Record it on the laughometer.

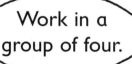

Work in a group of four.

Laughometer

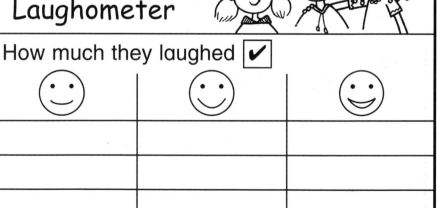

Joke	How much they laughed ✔			
	☹	☺	☺	☺
1				
2				
3				
4				

Now try this!

• **Collect other jokes.**

Tell them to different people.

Record how much they laughed.

Use a laughometer.

Teachers' note Split the class into groups of four and make a copy of this page for each group. Cut off the jokes at the top of the sheet and give one joke to each child, making sure they keep it secret from the others before they tell it. After the children have filled in the sheet, discuss which jokes they found funny, and why. You could provide extra copies of the laughometer chart for the extension activity.

Developing Literacy
Speaking & Listening
Year 2
© A & C BLACK

Cartoon time

- **Watch a television cartoon.**
- **Which characters did you** $\boxed{\text{like}}$ **and** $\boxed{\text{dislike}}$ **?**

Draw them in the frames.

- **What was the best part of the story?**

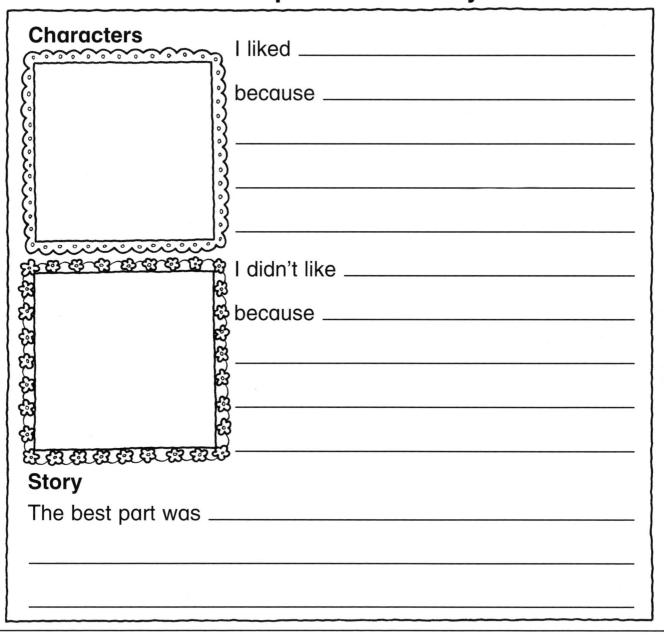

Characters

I liked _____

because _____

_____

_____

_____

I didn't like _____

because _____

_____

_____

_____

Story

The best part was _____

_____

_____

Now try this!

- **What did you** $\boxed{\text{like}}$ **and** $\boxed{\text{dislike}}$ **about the sound effects?**
Talk to a partner.

Teachers' note First show the children a short television cartoon. Ask them whether they enjoyed it, and why. Did they find it funny? Was there anything sad about it? Was it exciting? Focus on what the children like/dislike about the characters. Discuss the characters' appearance and voices, and how the children respond to them.

**Developing Literacy
Speaking & Listening
Year 2
© A & C BLACK**

Watch and listen: 1

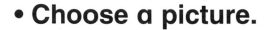

Work in a group of four.

- **Choose a picture.**
- **Talk about it with your group.**
- **Imagine you are in the picture. Act the scene.**

A

B

C

D

Now try this!

- **What did your group say when you acted the scene?**

  Write it down.

Teachers' note Use this in conjunction with page 25. The scenes shown here provide material for a short drama (about five minutes). Ask the children to discuss what is happening in the scene and how they can enact this for an audience. They should do this without scenery, props or costumes, so they will need to think about how they can let the audience know where they are and what is happening.

**Developing Literacy
Speaking & Listening
Year 2
© A & C BLACK**

Watch and listen: 2

- ## Watch another group acting a scene.
- ## Write about it.

What the scene was about _____

_____

What the four characters did

1 _____

_____

2 _____

_____

3 _____

_____

4 _____

_____

The feel of the scene _____

How the characters made it feel like this _____

_____

- ## What was the best part
  ## of the scene?
  ## Why was it so good?

Talk to a partner.

Teachers' note Use this in conjunction with page 24. Arrange for a group to perform their scene to the class. Afterwards, ask the audience what the scene was about and how they could tell. Discuss how the performers used actions and words to communicate to their audience. How did they show feelings? Each child should complete a copy of this page after watching the performance.

**Developing Literacy
Speaking & Listening
Year 2
© A & C BLACK**

The Monument

- **Listen to your teacher talking about the Monument.**
- **Fill in the** fact-file **.**

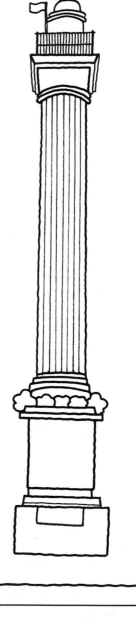

The Monument

City _____

Height _____

What is inside it

_____

The event it marks

_____

When this happened

_____

Why the Monument was built in this place

_____

_____

_____

Now try this!

- **Write two questions to ask about the Monument.**

Teachers' note Explain that a monument is something which is built to commemorate a person or event. Tell the children that they are going to listen to information about a monument named, simply, the Monument, and afterwards they will fill in a fact-file about it. Read the fact-file with the children, then give a talk about the Monument for the children to listen to (see page 7).

**Developing Literacy
Speaking & Listening
Year 2
© A & C BLACK**

On an island

- **Listen to your teacher talking about an island.**
- **Write important facts in the balloons.**

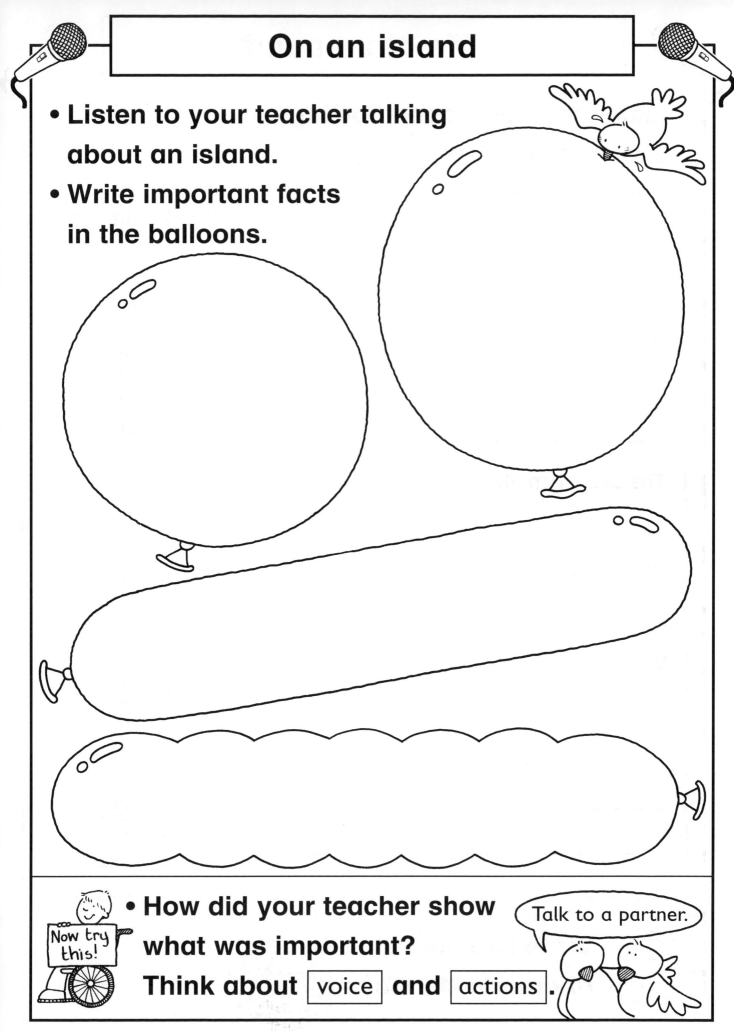

- **How did your teacher show what was important?**

Think about voice **and** actions.

Talk to a partner.

Now try this!

Teachers' note This page can be used in connection with work in geography on islands, or it can be adapted for use with another topic by masking and changing the first instruction. Explain to the children that they are going to listen to some information about an island and then make notes about the main facts. During the plenary, ask them how they knew which facts were important.

Developing Literacy
Speaking & Listening
Year 2
© A & C BLACK

27

Safe and sound

- **Listen to a talk about staying safe.**
- **Write five rules for staying safe.**

How to stay safe

1. _____

   _____

2. _____

   _____

3. _____

   _____

4. _____

   _____

5. _____

   _____

- **What did the speaker do to help you remember?**

Talk to a partner.

Teachers' note This page can be used in connection with work in citizenship lessons on keeping safe (general safety or safety in specific places). Invite a visitor to give a talk about safety, or give a talk yourself. Explain to the children that they are going to listen to a talk and then make notes about the main points. Afterwards, ask them how they knew which points were important (see page 7).

Developing Literacy
Speaking & Listening
Year 2
© A & C BLACK

Favourite story

- **Work with a partner. Ask your partner about his or her favourite story.**
- **Write their answers in the speech bubbles.**

 What is your favourite story?

 Who are the main characters?

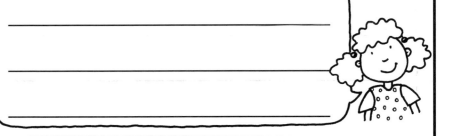

 What is the story about?

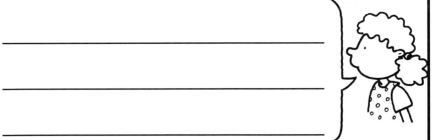

 What do you like best about it?

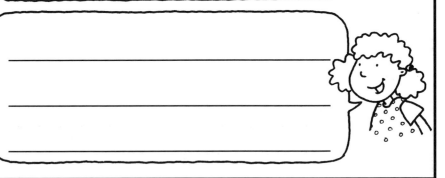

 Now try this!

- **Ask your partner two other questions about the story.**
- **Write their answers.**

Teachers' note This activity could be linked with text-level work. Give the children time to think about their favourite stories and to consider what they like about them. You could prepare them for this a day or two beforehand. The children should report back to their groups or the class about what their partners said. Encourage group discussion, inviting others who have read the story to give their views.

**Developing Literacy
Speaking & Listening
Year 2
© A & C BLACK**

A quiet place

- **These children are planning a quiet place in their classroom.**

We need a rug and four chairs.

Anhil

Yes. It is for four children. We need a soft floor and something to sit on.

Ella

Yes – a rug.

We could have four bean bags instead of chairs.

David

We could sit on big cushions – four cushions.

Holly

- **Fill in the chart.**

What have the children talked about? ✔
What do they agree about? ✔✔

the floor	
the seats	
the number of children allowed in	
where to put the quiet place	
how to keep it quiet	

Now try this!

What do the children still need to talk about?

Work with a partner.

How should they choose what to do?

- **Talk to your partner and write your ideas.**

Teachers' note Discuss the idea of a quiet place in a classroom. What would it be for? How would it be used, and by how many children? Ask the children to read the discussion presented here and to notice the main points made by each child. They could discuss this with a partner before marking the chart.

**Developing Literacy
Speaking & Listening
Year 2
© A & C BLACK**

Welcome!

How can you make visitors feel welcome to your school?

- **Cut out the cards.**
- **Take turns to choose a card. Tell your group why you chose it.**

Work with a group.

Put comfy chairs in the entrance area.

Write 'Welcome' signs in different languages.

Bienvenue   Willkommen

Put flowers in the reception area.

Have a table with things for visitors to read.

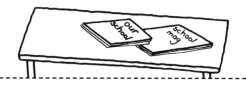

Put up photographs of staff so that visitors know who they are.

Miss Hill   Mr Dabbs

Put up displays of our work.

Imogen Year 2   Jacob Year 2

Now try this!

- **With your group, talk about which cards are good ideas. Try to decide together which is the best idea.**

Teachers' note This activity could be linked with citizenship lessons on the theme of improving the entrance area of the school. You could first read the ideas on the cards with the children. Explain that each child should choose the one they think would make the entrance area the most welcoming for visitors. For the extension activity, discuss ways of reaching a group decision, such as taking a vote.

Developing Literacy Speaking & Listening Year 2 © A & C BLACK

Material world

- **Work in a group of five.** Share the work!
- **Find out how different materials are used on buildings.**

| glass | metal | plastic | stone | wood |

My results   Material _____

Used for _____

_____

_____

Group results

glass	metal	plastic	stone	wood

Did everyone do their share of the work?

Now try this!

- **How did working as a group help? Talk to your group. List the ways it helped.**

Teachers' note Give each child a copy of this page. Each child in the group should research one material using books, CD-ROMs or the Internet, and then the group should come together to list on the chart the features of buildings that can be made from each material. The activity could be linked with a survey during a science lesson to investigate the materials used on the school buildings.

**Developing Literacy
Speaking & Listening
Year 2
© A & C BLACK**

Job share

 Amy Ajit Kim  Ian

These four children look after the class shop.

Here are the jobs to do each week.

Tidy the shelves.

Tidy the till.

Sharpen the pencils and make a new notepad.

Sort the fruit.

• Plan how they can share the work.

Jobs	week 1	week 2	week 3	week 4
shelves				
till				
fruit				
pencils and pad				

Now try this!

• Imagine your group looks after another area of the class.

Plan how to share the work.

Make a rota.

Work with a group.

Teachers' note Split the class into groups and give each group a copy of this page. Begin by inviting the children to suggest ways in which Amy, Ajit, Kim and Ian can share the work. Some children might need help in using the chart: mask all but week 1 and ask them to allocate a job to each child; then unmask week 2 and ask them how they could swap jobs, and so on. Explain that this is called a 'rota'.

Developing Literacy Speaking & Listening Year 2 © A & C BLACK

Sam's trousers

Sam's trousers wear out at the knees.

- **Vote for the best material for Sam's trousers.**

Work in a group of four.

Sam

cotton					✔
denim					
silk					
wool					

- **Which material does your group <u>think</u> is the best?** _____
- **Talk about how you can find out which material is the best. Decide who will do what.**
- **Draw and write your plan.**

_____

_____

_____

_____

_____

_____

Now try this!

- **With your group, list all the things you will need to put your plan into action.**

Teachers' note Here the children plan for a scientific investigation. Give each group one copy of the page and ask them to appoint a scribe. Focus on the way in which the children can work as a group by asking them to share their ideas about the best material for Sam's trousers. Encourage them to say why their chosen material would be good and to listen to one another's views.

Developing Literacy
Speaking & Listening
Year 2
© A & C BLACK

Portrait

- **Look at a portrait and take turns to say something about it.**

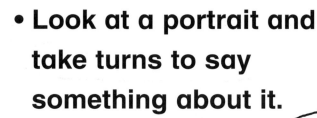

Work in a group of four.

Who will do the writing each time?

- **Fill in the charts.**

Facts about the person

1	
2	
3	
4	

What we think about the person   Look for clues.

	We think	Reason
1		
2		
3		
4		

Now try this!

- **What do you think the artist was saying about the person? Write two sentences.**

Work with a partner.

Teachers' note Each group needs one copy of this page. Show the class a portrait (or different groups could work on different portraits). Ask the children to begin by describing the person in the portrait. Explain that the numbers in the charts refer to each member of the group; they could allocate themselves numbers before they begin. Link this with work in art lessons on self-portraits.

**Developing Literacy
Speaking & Listening
Year 2
© A & C BLACK**

Work in a group of four.

- **Write the name of the author you are talking about.**

- **Take turns to talk about a book by this author.**

Author

_____

_____

Title	What the book is about

Now try this!

- **Does this author write mainly about one theme? Talk about this with your group.**

Teachers' note Link this activity with text-level work on a specific author. Give each group one copy of this page and ask them to appoint a scribe. Each group member should take a turn to speak, and the others could challenge what is said by asking questions which require evidence, or they could ask other questions or give information to provide support for others who are unsure.

Developing Literacy
Speaking & Listening
Year 2
© A & C BLACK

Fame at last

☆ Cut out the cards.

☆ Each choose a different famous person.
   Find out about him or her.

☆ Act the role of that person for your group.

☆ Your group should ask you questions.
   You must answer in role.

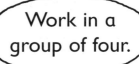
Work in a group of four.

Guy Fawkes

Samuel Pepys

Neil Armstrong

Florence Nightingale

Now try this!

Why is the person famous?

- **Write notes.**
- **Tell a partner.**

Teachers' note A day or two before the children begin this activity, display information books about, and pictures of, the famous people featured here. Parts of the books could be read as shared texts. Give each group one copy of this page. Ask the children to act as if they are the person they choose, rather than as a narrator talking about him or her. They should consider what the person might do or say.

Developing Literacy
Speaking & Listening
Year 2
© A & C BLACK

Rhyme characters

On the way up the hill, Jack and Jill met Humpty Dumpty and Little Bo Peep.

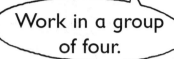

- **What did they say? Talk about it.**
- **Write in the speech bubbles.**
- **Act the scene.**

Work in a group of four.

Now try this!

- **Talk about what might happen next.**
- **Act the story.**

Teachers' note Give each child a copy of this page. Remind the children of the nursery rhymes featured in this activity and ask them to identify the problem encountered by each character. Can the characters help one another (either practically or through giving advice)? Encourage the children to discuss what the characters might do as well as what they might say.

**Developing Literacy
Speaking & Listening
Year 2
© A & C BLACK**

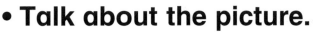

• Talk about the picture.

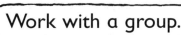
Work with a group.

Move Yourself

• Give the people names. Take a role each.

My name:

My role:

About my role:

• Act the story.

Now try this!

What problem could one of the people have?

• Act the story.

• Show how the problem is solved.

Home sweet home

Teachers' note Each child will need a copy of this page. Encourage them to talk about their own experiences of moving house or of watching new neighbours arrive. Encourage them to think about what the girl in the picture might do after seeing the removal van arrive, and what she might say to the new arrivals. They should then enact a conversation in role.

Developing Literacy
Speaking & Listening
Year 2
© A & C BLACK

The chest

- **Work with a partner.**
- **What might happen when you open the chest?**
  Each write your ideas in a thought bubble.

- **Act the story with your partner.**
  Make it exciting.

Now try this!

Teachers' note Give each child a copy of this page. Encourage the children to talk to a partner about what might be in the chest. Why are bubbles coming out of it? What might be making them? They could enact the roles of the two children in the picture. What might happen when they open the chest completely? This could lead to the development of a story.

40

**Developing Literacy
Speaking & Listening
Year 2
© A & C BLACK**

Elves

- **Work in a group of four.**

  Imagine you are these elves.

  What might you do? Write your ideas.

- **Act the story.**

We live under the floorboards.

Our ideas

- **What if one of the people spots the elves?**

  Act the scene.

Teachers' note Give each group a copy of this page and ask them to appoint a scribe. Discuss the two settings within the house. Who lives above the floorboards and who lives below? Do they know about one another? Encourage the children to imagine they are the elves and talk (in role) about what is going on above the floorboards and how they might go there to collect things they need.

Developing Literacy
Speaking & Listening
Year 2
© A & C BLACK

On stage

- **Watch** a play.
  What was it like? ✔ or ✘

  exciting

  lively

  quiet

  funny

  mysterious

  scary

- **How did the music and lights help to make it feel like this? Fill in the chart.**

	What were these like?
🎵 music	
💡 lights	

- **What else made it feel like this? Talk to a partner. Describe two of the things you saw or heard.**

Teachers' note Use this activity after the children have watched a play. Discuss how they responded to it. Did they laugh at some parts? Did any parts make them feel sad? If so, which parts, and why? Model a response to suspense (gasping or clapping a hand to your mouth and widening your eyes). Did the children feel like this at times? How did the music or lights help to create these feelings?

Developing Literacy
Speaking & Listening
Year 2
© A & C BLACK

42

Setting the scene

- **Work with a group.**
- **Plan the opening scene for a video.**
  It could be:

Title	Type of video

Setting

Think about landscapes, buildings or rooms.

Lights	Music

Which colours? Bright or dim? Flashing?

- **Try your ideas.**
  Make changes if you need to.

Teachers' note You could begin by showing the children the opening scene of a film or television programme and asking them what kind of film/programme they think it will be (for example, funny, exciting, romantic, scary), and how they can tell. Focus on the setting, lighting and music and their effects. If possible, provide CDs, torches, paints and so on for the children to try out their ideas.

**Developing Literacy
Speaking & Listening
Year 2
© A & C BLACK**

Rama and Sita: 1

- ## Listen to this story.
- ## Then read it again with your group.

The king of Ayodhya was growing old. He said that his son Rama should be the next king.

But Queen Kaykai was the mother of the king's second son, Bharata. She remembered when she had encouraged the king when he was losing a battle. He went out and won. He told her that he would grant her whatever she wished. She had never asked for anything. Now she would.

"I now want you to grant my wish," she said to the king. "Banish Rama from the kingdom. My son Bharata will be the next king."

The king could not go back on his word, and so Rama and his wife Sita were sent off into the forest. Rama went hunting for food. He drew a magic circle around Sita. "Stay there and you will be safe," he said.

Ravana, the king of the demons, was watching. He sent a young deer which had been hurt. Sita saw it and stepped out of the circle to help it. Ravana pounced on her and carried her off to his palace on the island of Lanka.

When Rama came back, he guessed what had happened. He called on his friend, the king of the monkeys. All the monkeys of India came to help. They linked their arms and tails and made a bridge across the sea to Lanka. Rama went with them. He killed Ravana the demon with an arrow from his golden bow. Rama and the monkeys rushed in and rescued Sita. They marched back to Ayodhya. The people were so happy that they put little lights called divas in their windows.

Teachers' note Use this with page 45. Split the class into groups of four and give each group a copy of this page. Read the story to the class, then allow time for the children to read it again in their groups before making the stick puppets. These can also be used as 'shadow puppets': shine a bright torch, slide projector or overhead projector to project shadows onto a screen made from white paper or cloth.

**Developing Literacy
Speaking & Listening
Year 2**
© A & C BLACK

Rama and Sita: 2

- **Cut out the puppets.**
  Glue them onto lollipop sticks.
- **Act part of the story of Rama and Sita.**

Work in a group of four.

Sita

Rama

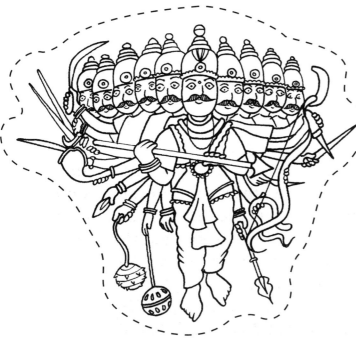

The demon Ravana

The monkey king

Teachers' note Use this with page 44. Copy the page onto card, enlarging it to A3 if you wish. Each group needs one copy of the sheet and four lollipop sticks. The group should choose part of the story and enact it using a puppet each, speaking in role. Encourage them to use their voices to express feelings such as sadness, happiness, fear and determination. Invite groups to perform to the class.

**Developing Literacy
Speaking & Listening
Year 2
© A & C BLACK**

Living poem

- **Work in a group.**

  Plan how to act this poem.

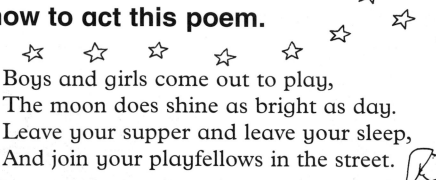

Boys and girls come out to play,
The moon does shine as bright as day.
Leave your supper and leave your sleep,
And join your playfellows in the street.

How we shall move

Think about the rhythm.

What we shall do

How our faces will look

Draw and label pictures of faces.

Now try this!

- **Act the poem.**
- **Act the poem again. Change the way you act it. Make it mysterious.**

Teachers' note Give each group one copy of this page and ask them to appoint a scribe. Read the poem with the children and discuss its rhythm (skipping) and the setting (night). Encourage them to imagine themselves as the children in the poem. What would they be doing at the start? What sounds might they hear? After planning how to act the poem, they should rehearse it to perform to the class.

**Developing Literacy
Speaking & Listening
Year 2
© A & C BLACK**

16

Living picture

- **Work in a large group.**
- **Act a role in the picture.**

- **What can you do to change what is happening in the picture?**
  Write on the chart.

My character
What I shall do
What the others might do

Teachers' note In groups of up to 11, the children should explore the roles of the people in the picture (supported by an adult if necessary). For the extension activity, encourage them to choose a character and to consider what he or she might do during the journey (see page 8). Some children might find it easier to enact the scene and then record what happened, rather than using the chart for planning.

Developing Literacy
Speaking & Listening
Year 2
© A & C BLACK

How did you do?

Name _____ **Date** _____

Activity title _____

Listening to others

• **What was good about what they said?**

_____

• **What could they have done better?**

_____

Speaking to others

• **What did you do well?**

_____

• **What could you do better next time?**

_____

Talking as a group

• **What was good about talking as a group?**

_____

• **What could you all do better next time?**

_____

Teachers' note Photocopy this page and fill in the title of the activity to be assessed. You may wish to remind the children of important speaking skills (such as speaking clearly and remembering to look up) and what makes a successful group discussion (taking turns, making sure everyone contributes, and listening to and supporting each other).

Developing Literacy
Speaking & Listening
Year 2
© A & C BLACK